早稲田教育叢書 38

国語科教材の中の「中国」

堀 誠 著

学文社

はじめに

二〇一九年度から一般研究部会「中・高国語科を中心とした古典（古文・漢文）の融合的学習教材の研究」の活動を展開しているが、二〇二〇年度から小学校で新学習指導要領が実施となり、二一年度から中学校、二二年度から高等学校へ展開していく。その移行期にあたり、「旧」（現行）から「新」への学習指導要領の変更点をあらためて確認しつつ教科書教材と指導を具体的に見つめ直すことも必要である。これまで「漢字・漢語・漢文に関する教育方法の検討」（二〇〇八～二〇〇九年度）、「古典「漢文」の教材研究」（二〇一四～二〇一五年度）、「日中共通国語教材の研究」（二〇一六～二〇一七年度）をテーマとする一般研究部会を企画し、国語科の古典「漢文」を中心に教育方法・教材研究・教育実践の方面から多角的に共同研究の活動を推進してきた。これらを含めた活動期は、「旧」（現行）学習指導要領下での研究となり、その前後には「教育基本法」の改正（二〇〇六年）、および「改定常用漢字表」の告示（二〇一〇年）という社会的に大きな変更が加わったことで、共同研究参加者たちの考察も多面性をもち、かつグローバルな視点をも加味して、参加者個々人の考察はもとより共同研究としても一定の成果をあげることができたと理解する。

これらの共同研究の活動を振り返るとき、この方面の個人としての研究を総括することも必要である。とりわけ新学習指導要領への移行を視野に入れて、これまでに展開してきた研究自体を見つめ直しつつ新たな提言の可能性を含めて吟味していくことは、古典「漢文」を中心とした研究活動の推進に必須なものと考える。その意味から、教育総合研究所での諸活動に根ざした『国語科教材の中の「中国」』と題する本書の計画を「早稲田教育叢書」の公募に申請し、幸いにも採択されたところである。第一部には「唐詩と道真詩」と題して杜甫と王維や日本の菅原道真の詩歌に関する考察を展開し、第二部には「中国小説と教材」と題して唐代の「人面桃花」や安定教材でもある中島敦「山月記」や魯迅「故郷」という小説教材への考察を配し、第三部には「史伝と英傑」と題して漢楚興亡の項羽と劉邦に源頼朝を絡めて比較文学的な考察を試み、第四部「文化と言語」には「鶏鳴」「竹馬」「扇」を通した伝統的な文化や漢字・漢語・漢文に関わる学びを試みている。いずれも日々の教学の土壌から思考した論考により構成するものである。忌憚のないご批正をお願いする。

堀　誠

目次

第一部〔唐詩と道真詩〕

第三部〔史伝と英傑〕

第四部〔文化と言語〕

第十二章　漢字・漢語・漢文を考える……176

第一部

〔唐詩と道真詩〕

第一章

国語科唐詩教材と杜甫

一、アニバーサリー・イヤー

二〇一二年は、芥川龍之介の生誕百二十年、中島敦の没後七十年という近代作家のみならず、複数の「古典」とも深い関わりをもつアニバーサリー・イヤーであった。現代日本は、いまだ巨大地震、津波、原発事故という東日本大震災の発生にともなう一連の生々しい体験の渦中にあるが、過去において安元の大火・治承の辻風・福原遷都・養和の飢饉・元暦の大地震といった天下の大事を記した『方丈記』を鴨長明が執筆し終えたのが一二一二年三月のことで、その著の成立からは八百年の月日を数えた。さらに五百年を遡った七一二年には、稗田阿礼が誦習していた歴史を太安万侶が筆録・編纂して『古事記』が成り、中国では盛唐の詩人として知られる杜甫が生まれた。日本最古といわれる歴史書『古事記』の成立、李白とともに「李杜」と並称される杜甫の生誕からは、千三百年の歳月が流れている。

これらは文学的に大きな関心事ともなり、それぞれに種々の記念のイベントが企画実施された。杜甫に関していえば、中国国内のみならず、一衣帯水の日本においても和漢比較文学会が第三十一回大会で記念の公開講演会「杜甫と日本―杜甫生誕千三百年にちなんで―」を開催したのをはじめ[1]、中国詩文研究会は『（生誕千三百年記念）杜甫研究論集』を編纂刊行することを企画した[2]。こうした企画類を通して、中国の唐代に生きた杜甫が異土の日本でいかに親しまれ、その詩篇がどう愛唱されてきたかをあらためて深く考える機会となった。いま国語科教材における杜甫の詩篇の受容をめぐって考察を試みたい。

二、「伝統文化の教育」

二〇一二年当時、日本の学校教育の場は、新しい学習指導要領（小中学校：二〇〇八年、高等学校・特別支援学校：二〇〇九年）の実施・進行過程にあった。二〇一一年度には小学校が、二〇一二年度には中学校がその教科書の使用を開始した。高等学校は、二〇一三年度から学年進行で新たな教科書の使用が開始された。その改訂は、社会を生きる子どもたちの教育的充実をはかることを趣旨とし、「伝統文化の教育」が重視された。この方針は、二〇〇六（平成十八）年に六十年ぶりに改正された「教育基本法」の前文第二段落に、

我々は、この理想を実現するため、個人の尊厳を重んじ、真理と正義を希求し、公共の精神を尊び、豊かな人間性と創造性を備えた人間の育成を期するとともに、伝統を継承し、新しい文化の創造を目指す教育を推進する。

第二条（教育の目標）第五項において、

伝統と文化を尊重し、それらをはぐくんできた我が国と郷土を愛するとともに、他国を尊重し、国際社会の平和と発展に寄与する態度を養うこと。

と明記されることに基づいて、国語科に関していえば、小学校高学年に漢文の学習が盛りこまれ、高等学校では総合的な言語能力を育成する「国語総合」が共通必履修科目となって、高校在学者の全員が古典教材を学ぶことになった。

しかし、こうした方針の策定に先んじて二〇〇七（平成十九）年には、国立教育政策研究所が二〇〇五（平成十七）年度に全国規模で実施した「教育課程実施状況調査」の結果が報告された。「生徒質問紙調査」の「古文は好きだ」および「漢文は好きだ」の質問に対する「そう思わない」および「どちらかといえばそう思わない」との否定的な回答をした生徒は、古文が七十二・七％、漢文が七十一・二％であり、二〇〇二（平成十四）年度調査における古文が七十四・八％、漢文が七十・五％と同様の数値が引き続いた。その七割を超えた古文嫌い・漢文嫌いの数値は、主要教科の理・数、外国語を押さえてトップでもあり、これをどう受けとめて国語教育、とりわけ古典教育を考えればよいのか、ショックと困惑を覚えた向きも少なくはなかった。

これらの新たな教育環境が生まれる中で、古典の漢文教材がどのように採られ、杜甫がどう学ばれているか。高等学校で「国語総合」が必履修科目となり、古典学習が必須となった環境の中で、国語教育の観点からも杜甫という詩人と詩歌を考えてみたい。

三、小学校の教材

二〇〇八（平成二十）年三月告示の『小学校学習指導要領』第2章「各教科」第2節「国語」第2「各学年の目標及び内容」における〔第5学年及び第6学年〕の２「内容」〔伝統的な言語文化と国語の特質に関する事項〕（1）ア「伝統的な言語文化に関する事項」で、

(ア)親しみやすい古文や漢文、近代以降の文語調の文章について、内容の大体を知り、音読すること。
(イ)古典について解説した文章を読み、昔の人のものの見方や感じ方を知ること。

を挙げ、『小学校学習指導要領解説国語編』(二〇〇八〔平成二十〕年六月)第1章「総説」3「国語科改訂の要点」(5)「伝統的な言語文化に関する指導の重視」においては、「例えば、低学年では昔話や神話・伝承など、中学年では易しい文語調の短歌や俳句、慣用句や故事成語、高学年では古文・漢文などを取り上げている。」と低・中・高の学年的な展開を示している。この『小学校学習指導要領』は、二〇一一(平成二十三)年度から全面実施され、ここに小学校高学年での音読や暗唱を重視した「易しい古文や漢詩・漢文」による古典の学習環境が生まれているが、その高学年の教科書を具体的に検討してみると、漢文に関しては、五年ないし六年の単一の学年のみで学ばせるものと、五年・六年の二学年にわたって学習させるものとに大別される。そこには、いかなる漢文の教材が採られていたか。

小学校の教科書五種の中で、五年生で一気に漢詩・漢文を学ばせるのが教育出版『ひろがる言葉　小学国語5上』である。「三　日本語のひびきを味わう〔文化〕」の「漢文に親しむ」で、「春暁」〔孟浩然〕、「静夜思」〔李白〕、「故きを温ねて新しきを知る」〔『論語』〕、「心焉に在らざれば視れども見えず　聴けども聞こえず　食らえども其の味を知らず」〔『大学』〕によって漢文ならびに日本人の受容を丹念に導入し、「漢文を読もう」では、「春夜」〔蘇軾〕、「江南春」〔杜牧〕、「山亭夏日」〔高駢〕の三首、『論語』から「学びて時に之を習う、亦た説ばしからずや。朋の遠方より来たるあり、亦た楽しからずや。」「吾十有五にして学に志す。三十にして立つ。四十にして惑わず。五十にして天命を知る。六十にして耳順う。七十にして心の欲する所に従いて矩を踰えず。」を加えて重層化させる。

これに対して、六年で学ばせるのが東京書籍『新しい国語六上』である。〔日本の言の葉〕「漢文を読んでみよう」で、「百聞は一見にしかず」という言葉から「漢文」について簡明に導入し、「声に出して読もう」において、

「一を聞きて以つて十を知る。」・「子曰はく、『故きを温めて新しきを知らば、以つて師となるべし。』と。」（『論語』）、「一に曰はく、和を以つて貴しとし、さかふること無きをむねとせよ。」（聖徳太子「十七条の憲法」）、「春暁」（孟浩然）で構成した。

また、学校図書は『小学校国語六年上』で漢文を採り上げるが、「漢詩を味わおう」において「歳月は人を待たず」という言葉の引用の例から「漢詩の名句」に展開させ、「胡隠君を尋ぬ」（高啓）の一首を扱う。

上記三社に対して、五年・六年の二学年にわたって学習させるのが光村図書と三省堂である。光村図書は『国語五　銀河』「声に出して楽しもう　論語」で、「子曰はく、『己の欲せざる所は、人に施すこと勿れ。』と。」・「子曰はく、『過ちて改めざる、是を過ちと謂ふ。』と。」・「子曰はく、『学びて思はざれば、則ち罔し。思ひて学ばざれば、則ち殆し。』と。」を学習し、『国語六　創造』〔季節の言葉〕「秋は人恋し」において、「静夜思」（李白）を用意するが、各学年での導入文は特に用意されず、直にテキストが提示された。

また、一学年二冊（本編・資料編）の構成をとる三省堂は、五年の資料編『小学生の　国語五年　学びを広げる』の「〔読書の時間〕漢詩」に「絶句」（杜甫）、「春暁」（孟浩然）の漢詩二首を用意し、六年の本編『小学生の国語六年』「声に出して読もう―漢文〔言語文化〕」で「漢文」について導入し、『論語』から社名ゆかりの「吾れ日に三たび吾が身を省る。」・「故きを温めて新しきを知る、以て師と為るべし。」・「仁者は必ず勇有り。勇者は必ずしも仁有らず。」・「己の欲せざる所は人に施すこと勿れ。」を学ぶ。ただし、本編に対して資料編の実質的な扱いは微妙にして不透明な状況にある。

以上を要するに、扱われる教材としては『論語』が少なくない。漢詩は、以下に示す通り、絶句のみが採られ、特定の作品への著しい偏向性は認められない。ただ、いずれも中学校および高等学校の教材でも採られるものばかりで、その先行導入的な学習とでもいった意味合いが強いように思われる。[3] 杜甫の詩についてコメントすれば、次に示すように三省堂〔資料編〕に「絶句」が一首採られるのみである。

二社＝「静夜思」（李白）：教出・光村、「春暁」（孟浩然）：東書・三省〔資料編〕

一社＝「胡隠君を尋ぬ」（高啓）：学図、「春夜」（蘇軾）：教出、「江南春」（杜牧）：教出、「山亭夏日」（高駢）：教出、「絶句」（杜甫）：三省〔資料編〕

この国語科教科書の一方で特異な存在であるのは、二〇〇四年に構造改革特区「世田谷『日本語』教育特区」に認定された世田谷区の小学校「日本語」教材である。同区教育委員会が編集刊行する『日本語一・二年』『同三・四年』『同五・六年』の三冊構成（二〇〇七年三月刊）で、一年次から「日本語の響きやリズムを楽しもう」のタイトルで『論語』と漢詩を適宜学習する。漢詩は都合二十五首が採り上げられる。〈　〉は掲載番号。

〔一年〕二首＝〈2〉「胡隠君を尋ぬ」高啓・「絶句」杜甫

〔二年〕三首＝〈2〉「春暁」孟浩然、〈7〉「竹里館」王維、〈11〉「静夜思」李白

〔三年〕五首＝〈2〉「江南の春」杜牧、〈4〉「客中初夏」司馬光、〈6〉「秋風の引」劉禹錫・「独り敬亭山に坐す」李白、〈10〉「鹿柴」王維

〔四年〕五首＝〈2〉「元二の安西に使いするを送る」王維、〈6〉「早に白帝城を発す」李白、〈9〉「廬山の瀑布を望む」李白、〈11〉「山行」杜牧・「黄鶴楼にて孟浩然の広陵に之くを送る」李白

〔五年〕五首＝〈3〉「偶成」朱熹・「秋日」耿湋・「芙蓉楼にて辛漸を送る」王昌齢、〈11〉「江亭」杜甫・「香炉峰下、新たに山居を卜し、草堂初めて成り、偶たま東壁に題す」白居易

〔六年〕五首＝〈3〉「楓橋夜泊」張継・「晁卿衡を哭す」李白、〈6〉「春望」杜甫、〈10〉「桂林荘雑詠」広瀬淡窓・「春暮」良寛

小学校国語科教科書が採り上げる詩篇の数は多くても三首であるから、「日本語」の掲載数は『論語』の章段[4]と

相俟って桁違いで、古典への接近が積極的にはかられていることを指摘できる。杜甫の詩篇に関しても、一年に「絶句」、五年に「江亭」、六年に「春望」の三首を採用し〈最多は李白の六首〉、そのうちの「絶句」のみが小学校国語科教科書でも一社に採用される。また、中学校国語科教科書すべてに採用される「春望」〈後述〉が六年生の教材となっていることに注目しておきたい。

四、中学校の教材

二〇〇八年三月告示の『中学校学習指導要領』第2章「各教科」第1節「国語」第2「各学年の目標及び内容」の〔第1学年〕2「内容」における〔伝統的な言語文化と国語の特質に関する事項〕(1)ア「伝統的な言語文化に関する事項」では、

(ア) 文語のきまりや訓読の仕方を知り、古文や漢文を音読して、古典特有のリズムを味わいながら、古典の世界に触れること。

(イ) 古典には様々な種類の作品があることを知ること。

との小学校の学習を承けた導入的な内容が盛られ、〔第2学年〕からは「古文や漢文」という文言は消えて「古典」という語に集約され、

(ア) 作品の特徴を生かして朗読するなどして、古典の世界を楽しむこと。

(イ) 古典に表れたものの見方や考え方に触れ、登場人物や作者の思いなどを想像すること。

と「古典の世界」に「触れる」ことを踏まえて「楽しむこと」を説き、〔第3学年〕では、

(ア) 歴史的背景などに注意して古典を読み、その世界に親しむこと。

(イ)　古典の一節を引用するなどして、古典に関する簡単な文章を書くこと。

と「古典の世界」に「親しむこと」とその活用にいたる指導への展開を示した。(5)

二〇一二年度から中学校の新学習指導要領による教育が始まったが、その五種類の中学国語科教科書の第一学年では、いずれも故事成語による漢文の導入がなされた。その教材は、五社ともに「矛盾」(出典は『韓非子』「難一」篇)を採用し、一社が「五十歩百歩」との二篇で構成する。その他の故事成語を例挙するものもあるが、この故事成語による導入と同時に、第二学年、第三学年の教材にあっては、中国文学の精華とも称される「唐詩」の代表的な詩篇による漢詩教材を採用していた。ただし、その配当は、二年生で扱うか、三年生で扱うかに二分される。二年生の教材とするのは、光村図書・東京書籍・三省堂の三社であり、三年生の教材とするのは教育出版・学校図書の二社である。いかなる詩人の、いかなる詩篇を採用しているのかを、順に具体的に示しておきたい。

光村図書『国語2』「5　いにしえの心を訪ねる」「漢詩・解説」は、「漢詩の風景」と「律詩について」で構成する。石川忠久の書きおろしになる「漢詩の風景」は、旧学習指導要領でも用いられていた漢詩の教材である。この『国語2』では従来の詩篇四首から日本の広瀬淡窓「桂林荘雑詠　諸生に示す」を削減して、「春暁」(孟浩然)、「絶句」(杜甫)、「黄鶴楼にて孟浩然の広陵に之くを送る」(李白)の中国の詩篇三首を採り上げて解釈・説明を展開する。と同時に、三首とも絶句であることから、「律詩について」の文を用意し、「春望」(杜甫)を採り上げ、唐詩の理解を深化する配慮をはらっている。

東京書籍『新しい国語2』「漢詩」では、「春望」(杜甫)、「黄鶴楼にて孟浩然の広陵に之くを送る」(李白)の二首により漢詩の世界を紹介し、情景や心情をとらえ、表現の特徴を学びながら漢詩の世界を楽しむ。「資料編」には日原傳による書きおろしの「漢詩の世界」を用意して、漢詩を読み、漢詩を味わう発展的な学習を意図している。

三省堂『中学生の国語二年』本編冒頭の「伝統的な言語文化―言語文化を楽しむ」「漢詩の世界」は、同『中学生の国語一年』本編冒頭の「伝統的な言語文化―言語文化を楽しむ」の「声に出して、さまざまな作品を読もう」における「春暁」（孟浩然）の学習を導入として、「黄鶴楼にて孟浩然の広陵に之くを送る」（李白）、「春望」（杜甫）、「絶句」（杜甫）という李杜の三首を通して、「情景や作者の心情などを想像しながら、朗読を工夫して、その世界を味わおう。」としている。加えて、新たに学年ごとに別冊「学びを広げる〔資料編〕」を設け、「言語文化篇」「詩の音読・暗唱」において、一年で「早に白帝城を発す」（李白）、二年で「鹿柴」（王維）、三年で「江南の春（杜牧）」を発展な音読・暗唱教材に採録している。

三年生に漢詩教材を登場させる二社の中で、学校図書『中学校国語3』「4 今に向かって」「漢詩（漢文）」では、「春望」（杜甫）、「元二の安西に使ひするを送る」（王維）、「静夜の思ひ」（李白）」の三篇により、詩の展開や情景、心情を読み取り、また繰り返し朗読することを試みているが、その導入の方法は特徴的で、そうした詩歌に日本人が出会い、それを受容し、あるいは影響を受けてきた事実を積極的にとらえた展開を企図している。

教育出版『伝え合う言葉　中学国語3』「読むこと」【伝統文化】「春の山河（漢詩）」では、「黄鶴楼にて孟浩然の広陵に之くを送る」（李白）、「春望」（杜甫）という李杜の二首を取り上げ、「みちしるべ―学習の手引き」に、形式を知り、言葉の響きやリズムなどに注意して暗唱する、語句の効果的な使い方、表現上の工夫に注意して読む、漢詩にみられる自然や人間に対する感じ方について感想を発表するとの要点を示し、「漢詩について」で絶句、律詩、起承転結、韻を踏む（押韻する）、対句といった基本概念を紹介する。李杜をめぐるコラム【李白と杜甫】についてては後述する。

以上を要するに、中学国語科教材に採られるのは、五詩人・九首の詩篇に過ぎない。

五社＝「春望」（杜甫）光村2年・東書2年・三省2年・学図3年・教出3年

四社＝「黄鶴楼にて孟浩然の広陵に之くを送る」（李白）光村2年・東書2年・三省2年・教出3年

二社＝「絶句」（杜甫）光村2年・三省2年、「春暁」（孟浩然）光村2年
一社＝「元二の安西に使ひするを送る」（王維）学図3年、「静夜の思ひ」（李白）学図3年、「早に白帝城を発す」（李白）三省1年（別冊）、「鹿柴」（王維）三省2年（別冊）、「江南の春」（杜牧）三省3年（別冊）

詩型に着目してみれば、杜甫「春望」を除いてすべての詩篇が絶句である。しかも「春望」は唯一の律詩であるとともに、五社全社が採用している安定的教材の位置を占めていることには驚かされる。[6] ここに中学校の漢詩教材の構成上の大きな特徴が認められる。

漢詩という中国古典に対する導入的意味の高い中学教材において、この「春望」の詩篇が採択されるのは、戦争による破壊と自然のたくましさのコントラストにはじまる個人の内面的な深い感懐が基底に働くものと推測される。杜甫が漢詩、とりわけ律詩の導入に果たす役割は大きく、この一つの中国詩歌のイメージを日本の文学風土に架橋した発展的な教材の展開も考えられる。教材を融和的に活かしていく方途の考案も必要である。

五、高等学校の教材

二〇〇九（平成二十一）年三月告示の『高等学校学習指導要領』の下で「共通必履修科目」となった「国語総合」は、「教科の内容の基本となるものを全面的に受けた総合的な言語能力を育成する科目である」と意味づけられ、二〇一三年度に新たにスタートした。選択科目である「国語表現」・「現代文A」・「現代文B」・「古典A」・「古典B」の五科目は、原則として「国語総合」を履修した後に履修する。『高等学校学習指導要領』第2章「各学科に共通する各教科」第1節「国語」第2款「各科目」第1「国語総合」における（4）「内容のC（筆者注…「読むこと」）に関する指導については、次の事項に配慮するものとする。」の中で、

ア　古典を教材とした授業時数と近代以降の文章を教材とした授業時数との割合は、おおむね同等とすることを目安として、生徒の実態に応じて適切に定めること。なお、古典における古文と漢文との割合は、一方に偏らないようにすること。
イ　文章を読み深めるため、音読、朗読、暗唱などを取り入れること。

というように、「国語総合」における「古典」を構成する「古文」と「漢文」との割合について明示し、「漢文」の未履修を含めたアンバランスな履修状況を否定している。[7]

この「国語総合」の必履修科目化は改訂の一つの目玉となったが、それがもつ意味として重要なのは、高等学校での「古典」の学習が必須となることにあった。したがって、多様化する教学環境の変化の下で、教材自体の硬軟の幅をもたせる、また教材数を精選する等々の方策による現実的な対応も必要となる。中高一貫教育の環境も現実化する中で、新教科書にはいかなる詩篇が採られているか。作品の選択や配置にも関心がもたれるところである。また「古典A」「古典B」との教科間の連携も重要な課題となる。

「国語総合」の教科書は、九社、都合二十三種類のテキストが検定刊行されるが、教材として採用された詩篇の数は、三十六首。[8]出版社ごとに教科書名、ならびにその略号を括弧内に示す。筑摩書房『精選国語総合』（筑摩①）、同『国語総合』（筑摩②）、明治書院『高等学校 国語総合』（明書①）、同『精選国語総合』（分冊）古典編（明書②）、教育出版『国語総合』漢文編（教育①）、同『新編国語総合 言葉の世界へ』（教育②）、大修館書店『国語総合』現代文編・古典編（大修①）、同『精選国語総合』（大修②）、同『新編国語総合』（大修③）、第一学習社『新訂国語総合』古典編（第一①）、同『国語総合』（第一②）、同『標準国語総合』（第一③）、同『新編国語総合』（第一④）、東京書籍『新編国語総合』（東書①）、同『精選国語総合』（東書②）、同『国語総合（現代文編・古典編）』（東書③）、三省堂『高等学校国語総合』（三省①）、同『精選国語総合』（三省②）、同『明解国語総合』（三省③）、

数研出版『高等学校国語総合』（数研①）、同『国語総合』現代文編・古典編（数研②）、桐原書店『国語総合』（桐原①）、同『探求国語総合』古典編（桐原②）。

九社二十一種＝「送元二使安西」（王維）…筑摩①②・第一①②③④・数研①②・桐原①②・三省①②・東書②③・明書①②・教育①②・大修①②③

七社十六種＝「江雪」（柳宗元）…筑摩①②・東書①②③・大修①②③・三省①②・明書①②・教育①②、第一①②

七社十五種＝「静夜思」（李白）…筑摩①②・三省①②③・明書①②・数研①②・大修①・東書③・第一①②③④

七社十三種＝「涼州詞」（王翰）…三省①②③・数研①②・桐原①②・教育①・筑摩①②・東書②③・大修①、「春暁」（孟浩然）…筑摩①②・東書①②③・三省①②・明書①②・教育②・第一③④、大修③

七社十一種＝「登鸛鵲楼」（王之渙）…数研①②・桐原①②・教育①・三省①・第一①②・東書②・大修①②

六社十五種＝「春望」（杜甫）…筑摩①②・明書①②・三省①②・東書②③・大修①②③・第一①②③④

六社十一種＝「八月十五日夜、禁中独直、対月憶元九」（白居易）…桐原①②・明書①②・三省堂②・筑摩①②・東書②③・第一①②

五社十種＝「香炉峰下、新卜山居、草堂初成、偶題東壁」（白居易）…三省①③・数研①②・大修①②・教育①②・第一③④

三社六種＝「絶句」（杜甫）…筑摩①②・桐原①②・大修①②、「山行」（杜牧）…東書①・大修①②③・数

研①②、「早発白帝城」（李白）…教育①②・桐原①②・数研①②
三社五種＝「江南春」（杜牧）…三省①③・教育①・第一①②、「月夜」（杜甫）…三省③・数研①②・第一①②
三社四種＝「山亭夏日」（高駢）…筑摩①・明書①②・東書①、「黄鶴楼送孟浩然之広陵」（李白）…三省②・第一①②・東書②
二社三種＝「登高」（杜甫）…数研①②・三省①、「送友人」（李白）…筑摩①②・桐原②、「秋夜寄丘二十二員外」（韋応物）…筑摩①②・大修③
二社二種＝「登岳陽楼」（杜甫）…桐原②・三省②
一社二種＝「旅夜書懐」（杜甫）…教育①②、「春夜洛城聞笛」（李白）…大修①②、「楓橋夜泊」（張継）…桐原①②、「望廬山瀑布」（李白）…東書②③、「贈別」（杜牧）…筑摩①②
一社一種＝「春夜喜雨」（杜甫）…東書①、「回郷偶書」（賀知章）…筑摩①、「勧酒」（于武陵）…三省③、「九月九日憶山東兄弟」（王維）…東書①、「山中与幽人対酌」（李白）…大修③、「贈汪倫」（李白）…東書①、「代悲白頭翁」（劉廷芝）…大修①、「竹里館」（王維）…東書②、「登楽遊原」（李商隠）…大修③、「芙蓉楼送辛漸」（王昌齢）…東書③、「臨洞庭」（孟浩然）…三省①

以上の採録一覧に加えて、詩人ごとの詩篇採録数をまとめてみると、李杜が八篇と七篇とで群を抜いていることが明白である。

八篇＝李白…静夜思・早発白帝城・黄鶴楼送孟浩然之広陵・送友人・春夜洛城聞笛・望廬山瀑布・山中与幽人対酌・贈汪倫（以上、一人）
七篇＝杜甫…春望・絶句・月夜・登高・登岳陽楼・旅夜書懐・春夜喜雨（以上、一人）

三篇＝王維…送元二使安西・九月九日憶山東兄弟・竹里館、杜牧…山行・江南春・贈別（以上、二人）

二篇＝孟浩然…春暁・臨洞庭、白居易…香炉峰下、新卜山居、草堂初成、偶題東壁・八月十五日夜、禁中独直、対月憶元九（以上、二人）

一篇＝韋応物…秋夜寄丘二十二員外、于武陵…勧酒、王翰…涼州詞、王昌齢…芙蓉楼送辛漸、王之渙…登鸛鵲楼、賀知章…回郷偶書、高駢…山亭夏日、張継…楓橋夜泊、李商隠…登楽遊原、柳宗元…江雪、劉廷芝…代悲白頭翁（以上、十一人）

「国語総合」に限っての数字であるが、『全唐詩』に収載される唐代詩人は二千九百余人、詩篇は約五万ともいう中で、李杜を中心に十七人の詩人の三十六首の詩篇のみで構成されることは、学校教育の環境下とはいえ多少平準的に過ぎる数字のように思われる。

中学校教科書で全社に採用されることの確認された杜甫「春望」に翻ってみれば、そのいわゆる安定教材は、「国語総合」の九社中、六社十五種の教科書にも採用されることが明らかである。「春望」に高等学校で再会したとき、いかなる新たな学びが約束されるか、校種間の展開を意識した学びの獲得も大いに留意すべき課題となる。

六、李白・杜甫と古典

ところで、中学校・高等学校の漢詩教材を総じてみれば、「李杜」を軸にして選詩されていることが明らかになる。教育出版『伝え合う言葉　中学国語３』の【李白と杜甫】のコラムには、

李白と杜甫とは、ともに唐の時代を代表する詩人です。二人はほぼ同じ時代を生き、李白は杜甫よりも十一歳ほど年上で、親交もありました。

李白はものにとらわれない自由な性格で、詩でも想像力豊かな表現を用いることが多く、年老いた自分の髪の毛を「白髪三千丈」と表現したことで有名です。三千丈というのは約九千メートルにあたります。杜甫はそんな李白を尊敬していて、彼をたたえる詩を作っています。

のように、杜甫の詩的特徴には特に言及しないものの、李白の特徴的な詩表現と、杜甫の李白への敬愛、そして彼をたたえる詠作の存在に関してコメントする。

これは中学教材のみならず、高校の教材に発展し得る内容を含んでいる。高校の「国語総合」の教科書の中で、桐原書店の『国語総合』および『探求国語総合』〔古典編漢文編〕には、松浦友久「古典の魅力―現代からの視点」（『漢詩―美の在りか―』原載、二〇〇二年〔岩波新書〕）を採録する。李杜の交友交情に関わる新教材で、「漢詩」の主題には男性間の「友情」に関わる作品が多いとの詩的特徴の分析から、李白の「魯郡東石門送杜二甫」と杜甫の「春日憶李白」の二つの詩を通して、時間的・空間的な距離感を克服して埋めようとするかのごとき、二人の友情の呼応に言及している。

古典に接近し、その魅力を実感するには、自国文学の枠内に滞留せず、比較文化、比較文学的見地に立脚したマクロの視点を保持することも有効な手段となる。結びの段落で「では『漢詩』の世界では、なぜ友情が強調されるのだろうか。」と問いかける。

それは、中国の三千年を超える変転極まりない王朝交替の歴史の中で、知識人がより安定した生涯を全うするためには、血族・同族に依拠した先天的・生理的な相互扶助のシステムだけでなく、友人・知人に依拠した後天的・社会的な相互扶助のシステムがきわめて重要だったからである。〔下略〕

日本の友情のありようを投影対比しつつ、中国の世界観を実感し得る指摘であるが、その漢詩の読解の作業は日本という自国文化の理解の窓を開くことに通底する。「友情」に対する認識を持ちつつ、その中国的な特徴を比較文化的な視点からマクロに描き出し、その高い見地からの考察のもつ意味は大いに示唆的である。漢詩という古典教材の学習に関わる近代以降の文章として、大いに啓発される思考を含んだ教材であるということができる。

七、教材間の連携

教材には、学習の動機づけと、展開する教材間の連携性が大切である。一人の人間が生きていく上での意味を考え、その人間形成の基底にある教養的な世界と将来的な展開、豊かな表現の世界を涵養することと連関する。学校図書『小学校国語六年上』「漢詩を味わおう」では、

学校行事などの改まった場面のあいさつで、「歳月は人を待たず」というような中国の古典の一部を引用したりするのを耳にしたことはありませんか。

との学習者に対する問いかけからはじまり、「中国の古典は日本人の生活の中にとけこんでいます。特に漢詩の名句は、言葉の調子も良いため、しばしば使われています。」と展開させ、「胡隠君を尋ぬ」（高啓）の学習に結びつけている。古典学習の意義をいかに見出していくかは学習意欲を引き出すためにも重要である。その動機づけの重要さは校種を超えた命題でもあり、同じく学校図書『中学校国語3』「4 今に向かって」「漢詩（漢文）」では、「春望」（杜甫）・「元二の安西に使ひするを送る」（王維）・「静夜の思ひ」（李白）」の三篇により、詩の展開や情景、心情を読み取り、また繰り返し朗読することを試みているが、その導入の方法は特徴的で、そうした詩歌に日本人が出会い、それを受容し、あるいは影響を受けてきた事実を積極的にとらえた展開を企図している。

「国破れて山河あり」――平泉で藤原氏の滅びの後を前にした芭蕉の胸に、千年前の中国の詩、漢詩の一節が浮かびました。中国語と共に、漢詩も古い時代に日本に伝わりました。そのエキゾチックな響きやものの感

じ方・捉え方に、当時の日本人は和歌にない新しさを感じたことでしょう。ここでは、中国の唐時代の詩人の作品から、芭蕉など私たちの祖先が出会い、その心をとらえ、影響を与えてきた三つの作品を読んでみましょう。

この導入の発展として、「漢詩が昔の日本人や古典作品に与えた影響」を確認すべく、「漢詩（漢文）」の後に「言葉が見た風景──おくのほそ道　松尾芭蕉」を用意し、「旅立ち」の章段の後には「三代の栄耀一睡の中にして、大門の跡は一里こなたに有。」に始まる「平泉」の章段を配する。その冒頭の「一睡」の語も、唐代の伝奇小説「枕中記」に由来した「黄粱一炊の夢」の「一炊」の極短い時間の睡夢の意味をかけた用字と解されるが、続く本文中の、

（略）偖も義臣すぐつて此城にこもり、功名一時の叢となる。国破れて山河あり、城春にして草青みたりと、笠打敷て、時のうつるまで泪を落し侍りぬ。（略）

では、「国破れて山河あり、城春にして草青みたり」の字句に対して、漢詩『春望』（p210参照）の一節を念頭に置く。

と脚注をつけて、その字句の典拠に関して学習者の注意を喚起している。

すでに記したように、中学校の漢詩教材では唯一杜甫の「春望」が五社採用の安定教材になっている。この事実によれば、学校図書のように中学校の古文の学習に連動させることが機能的であるように考えられる。その古文との連動を念頭におくと、「春望」の詩句引用に際しての、表現上の変化には注目せざるを得ない。

国破山河在　（国破れて山河在り）
城春草木深　（城春にして草木深し）
感時花濺涙　（時に感じては花にも涙を濺ぎ）

恨別鳥驚心　（別れを恨んでは鳥にも心を驚かす）
烽火連三月　（烽火　三月に連なり）
家書抵万金　（家書　万金に抵《あた》る）
白頭掻更短　（白頭掻けば更に短く）
渾欲不勝簪　（渾《すべ》て簪に勝《た》へざらんと欲す）

「平泉」の章段における「草青みたり」は、「春望」における「草木深し」からの変化を認める。「深し」は、繁茂する草木の溢れる新緑のさまを表現したものであり、その「深し」という様態から「青みたり」という色彩語による表現に質的に変化させ、そこに満城の春の生命観に基づく景観を表出したのであった。詩句そのままの引用ならざる言語の「変化球」にこそ、芭蕉の中国古典の学びとその発露という表現の妙味を感得することができる。

ただ、中学校での古典学習の難しさを斟酌すれば、必ずしも鉄は熱いうちに打つことにこだわることなく、高等学校における有機的な発展的教材とすることも一つの方策である。『奥の細道』においては、「旅立ち」の冒頭の「月日は百代の過客にして、行きかふ年もまた旅人なり。」が、李白の四六駢儷文として知られる「春夜宴桃李園序（春夜　桃李園に宴するの序）」の冒頭の「夫天地者万物之逆旅、光陰者月日之過客。（夫《そ》れ天地は万物の逆旅にして、光陰は月日の過客なり）」に基づくことが知られる。そして矢立ての句「行く春や鳥啼き魚の目は泪」の発想の根底には、「感時花濺涙、恨別鳥驚心」が働いているとの指摘もある。こうした中国古典の受容のありようにも発展させ、芭蕉の学問修養に遡って理解することも有意義である。古人の学びとその発露の位相を知ることは、少なからず現代の学習者の生きざまにも響く文学的な往還となるに違いない。

八、震災下にあって

李白は「天地」を「万物の逆旅」と表現したが、いわゆる「天地」は、我々の営みの場であり、天の恵み、大地の恵みをうけて、その自然への畏敬の念を抱きながら生きている。「天地玄黄」は、梁の周興嗣の『千字文』[9]の冒頭の四句であり、「宇宙洪荒」と相俟って、我々を取り巻く空間をとらえた認識が示されている。

「天」は、人間が両手・両足をひろげて立った「大」の字の頭部を強調して示した指事文字。頭頂、いただきの意を表す。転じて、頭の上に高く広がる大空をもいう。「地」に対して、あめ、そら。万物を主宰する造物主を意味し、その天帝の命を受けて人間界をおさめるものを「天子」ともいう。「地」の旁にある「也」は、平らにのびたサソリ、あるいはヘビを描いた象形文字で、音符として、うねうねと伸びる、ゆるむ意を表す。「土」とこの音符「也」から成る「地」は、平らかにのびた土地、のびやかに広がる大地の意となる。

『老子』七章にいう「天長地久」は、天は長く地は久しく、天地が永久に尽きないことを説く。「天に二日無し」は、天に二つの太陽が無い意で、国に二王（二人の君主）の無いことにたとえる。『礼記』曾子問や『孟子』万章上に「孔子曰く」として、「天に二日無く、土（民）に二王無し」とある。「楽天」は、天を楽しむ、境遇に安住する意。『易経』繋辞上に「天を楽しみ命を知る、故に憂へず」、『孟子』梁恵王下に「天を楽しむ者は天下を保つ」とある。中唐の白楽天の字でも知られる。「仰天」は、天を仰いで、嘆息や大笑をすること。日本では、転じてひどく驚く意。「地大物博」の四字熟語は、土地が広大で物産が豊富なこと。中国の人々が自国の風土を礼賛していうことばである。『荘子』天道篇には、「天より神なるは莫く、地より富めるは莫し」と、天の霊妙さと地の富めることを対比的に説いている。

「天地人」、いわゆる三才のありようを知ることができるが、天災や人災による自然の破壊を被ったとき、天地の間に生きる人間はまたその天地の恩恵と畏敬をとりわけ思う。近くは二〇一一年三月十一日に発生した東日本大震災の足跡を振りかえるとき、発生直後から幾多の人々が「国破れて山河在り」のフレイズを口にし、そして幾たびその異口同音に発せられる「国破れて山河在り」のフレイズを耳にし、あるいは目にしたものか。古典の世界だけにとどまることなく、この震災における経験的な現実を重ねあわせ、目下の生活の中に古典受容の事例を検証することも重要な視点である。その幾つかの例を拾ってみれば、

「国破れて山河あり」の詩思はせて黄の福寿草　地震の地に咲く

『朝日新聞』（宮城全県）二〇一一年四月二十七日所載の〈みちのく歌壇〉の桜井千恵子氏の詠作である。震災直下に花を付ける福寿草の黄色き花は、その災いを転ずるがごとき「福寿」の花名とも相俟って、清新で印象的である。あるいは、三年目を迎えるにあたって企画掲載された「〈日本国民を襲う「心の津波」〉新春対談　作家・五木寛之×政治学者・姜尚中」（『週刊朝日』二〇一三年一月十三日）における五木寛之の発言に注目したい。

> 実は私にとってあの被災地の光景は、歴史上の記憶として三度目の感覚なんですよね。記憶のデジャヴュというのか、一つは平安時代末期から鎌倉時代にかけての大きな政権交代の時期ですね。（中略）二番目の記憶は、十三歳で迎えた敗戦です。あのときは「国破れて山河あり」という、そういう印象だったんですね。三番目が今度の東日本の大災害。ところが今度感じているのは、なぜか「山河破れて国あり」という感覚なんですよ。故郷の山、川、森、緑というものが汚染しつくされて、山河はまさに破れた、と。しかし、それにもかかわらず透かして見えるのは、国家の力です。厳然とした支配構造の強化であるという印象が強いのですが、どうでしょうか。

歴史と自己体験に基づく感覚の表現のうちに杜甫の詩句「国破れて山河あり」が現れる。それは第二次世界大戦

における敗戦時の感覚として出現し、その捩りの句となる「山河破れて国あり」は東日本大震災における感覚として示される。これらの句が何も力むことなく発言に大いに機能している事実は、古典の受容という面からも注目に値する。[10]

また、第二次世界大戦に関連していえば、〈安野光雅　逢えてよかった：33〉「小沢昭一　ハーモニカで客席を一杯にする達人」（『週刊朝日』二〇一三年二月十五日）の一文に注目してみたい。安野は「文藝春秋」二〇一三年二月号に載る小沢昭一の語り記事を切っ掛けとして小沢の『俳句で綴る変哲半生記』という句集を読む。そこに「戦時中の状況を思い出す句もある。」と述べて、小沢の一九九六（平成八）年十一月の句作「荒鷲の飛ぶや　あれから五十年[11]」を挙げるとともに、安野自らの句作を載せている。

国破れ山河は兵と草いきれ

まさに「国破山河在　城春草木深」の詩句と芭蕉の『奥の細道』「平泉」における「夏草や兵どもが夢の跡」を踏まえることは言うまでもない。安野は自らの句の後に、「小沢さんは名門・麻布中学をでて早稲田にはいった。麻布中ではフランキー堺、仲谷昇、なだいなだ、加藤武などののちに名をなす人たちが同級である。その後、海軍兵学校に行くほど彼は優秀だった。」と書いている。

上記のように、杜甫「春望」という一つの詩篇を通してもさまざまな語らいが紡ぎだされる。コンテンポラリーな自らの古典受容の現実を目の当たりに見るとき、字数の限られた定型詩篇とはいえ、その古典がもつ古典としての意義と価値を改めて思い知ることにもなる。こうした何気ない事実をとらえることを通して、教育の場における古典教育の意味とあり方を広く見直すこともできると考える。これらの日本における受容の観点に立脚した編纂の姿勢、そして教授者によるフォローは、学習者に対して必須のものにもなる。

九、結びに

現代は、社会のあらゆる分野で総合的な知識が求められる「知識基盤社会」ともいわれる。この「知識基盤社会」ということばは、二〇〇五年一月の中央教育審議会答申「我が国の高等教育の将来像」において、「二十一世紀は、新しい知識・情報・技術が政治・経済・文化をはじめ社会のあらゆる領域での活動の基盤として飛躍的に重要性を増す、いわゆる『知識基盤社会（knowledge-based society)』の時代であると言われている」と述べられたのが国政関係の場で用いられた最初という。技術革新にともなう情報化、グローバル化が進む環境の中で、現代を単なる知識・技術だけでなく、それらを活用した思考力・表現力が、常に要求される社会であると認識することをも意味する。この二十一世紀の社会を生きるために必要な言語能力の育成も必須であり、その環境の中で、「常用漢字表」の改定、学習指導要領の改訂と相俟って、古文とともに古典を構成する漢文の学びの果たすべき役割もまた少なくない。

杜甫の生誕千三百年を契機として小・中・高の国語科の古典漢文の教材を検討し、震災に関連して「春望」の詩句受容の幾つかの事例を拾ってみたが、たとえば、その中学校の安定的教材たる「春望」を介しての文学的往還は、近代の訳詩を含めた重層化の考案も可能である。[12] 日常を意識した教材学習の方略もまた大いに工夫されねばならないと考える。

■注■

（1）二〇一二年九月二十九日（土）同志社女子大学（今出川キャンパス純正館）で開催。「江戸の杜詩学―葛西因是の

『深読み』をめぐって―」池澤一郎氏、「杜甫の〈越えて行く言葉〉―子規の眼―」加藤国安氏。講演内容（加藤氏は要旨）は『和漢比較文学』第五十号（二〇一三年二月刊）所掲。

（2）「杜甫誕生一千二百五十年特刊」を表紙に謳う『中国文学報』第十七冊（京都大学文学部中国語学中国文学研究室、一九六二年十月刊）には、日本の杜甫研究と受容とに関する神田喜一郎「日本に於ける杜甫」の考説が載ることを付記する。

（3）『小学校学習指導要領解説国語編』（平成二十年六月）第3章「各学年の目標と内容」第3節「第5学年及び第6学年」の〔伝統的な言語文化と国語の特質に関する事項〕においては、対象となる「古文や漢文、近代以降の文語調の文章」に関して、「この内容は、中学校第1学年「（ア）文語のきまりや訓読の仕方を知り、古文や漢文を音読して、古典特有のリズムを味わいながら、古典の世界に触れること。」へとつながっていくものである。」と、中学校への接続・展開性を明示している。

（4）「日本語の響きやリズムを楽しもう」で扱う『論語』の章段数のみを記す。〔一年〕二章、〔二年〕一章、〔三年〕三章、〔四年〕二章、〔五年〕四章、〔六年〕四章。

（5）『中学校学習指導要領解説国語編』（平成二十年七月）第2章3「国語科改訂の要点」（5）「伝統的な言語文化に関する指導の重視」においては、「例えば、第1学年では文語のきまりや訓読の仕方を知って音読すること、第2学年では古典に表れたものの見方や考え方に触れること、第3学年では歴史的背景などに注意して古典を読むことなどを取り上げている。」とポイントを示している。

（6）丁秋娜「日本と中国における『漢文教育』の比較研究―杜甫の『春望』の場合―」（『学術研究（国語・国文学編）』第五十七号、早稲田大学教育学部、二〇〇九年二月刊）は、学習指導要領の改訂を視野に入れ、日中共通教材の比較考察の観点から「春望」をとらえる。日本の中学校教科書は二〇〇六（平成十八）年度版に依拠したもので、「春望」については「光村図書以外全社に取り上げられている。」と指摘する。

（7）『高等学校学習指導要領解説国語編』（平成二十一年十二月）第1章「総説」第1節「改訂の趣旨」3「国語科改訂の要点」（8）「各科目の要点」ア「国語総合」に関しては、その四点目の中に、「読むことの指導のうち、古典と近代以降の文章との授業の割合は、おおむね同等とすることを目安として、生徒の実態に応じて適切に定めるようにしている。古典における古文と漢文との割合は、一方に偏らないようにしている。古典の教材には、古典に関連する近代以降の文章を含めることを明示している。」と述べる。
(8) 各出版社のＨＰに掲載される教科書の目次による。
(9) 『千字文』の書名は、和邇吉師による漢籍の将来を記した『古事記』の記事に『論語』と並んで認められる。
(10) 二〇一三年三月十六日『朝日新聞』(山形)が報じる〈ＴＰＰ交渉参加表明　県内も大きな衝撃　ＪＡは自民へ反発〉の記事には、杜甫の詩句を踏まえた次の発言が認められる。

山形は全国有数の農業県。交渉参加に反応は複雑だ。

ＪＡ山形中央会の長沢豊会長は「十分な情報開示と国民的な議論がない。誠に遺憾で、強く抗議する。環境・文化と地方経済を守ろうとする多くの国民の強い思いを無視するものだ。『国破れて山河なし』では済まされない」と安倍政権を批判する談話を発表した。

(11) 『俳句で綴る変哲半生記』(二〇一二年十二月、岩波書店刊)の「小沢昭一句集」所収。
(12) 土岐善麿は次のように訳している(『新訳杜甫』一九七〇(昭和五十)年三月、光風社書店刊に依る)。

国破れて　山河はあり　　国破山河在
春なれや　城辺のみどり　　城春草木深
花みれば　涙しとどに　　感時花濺涙
鳥きけば　こころおどろく　　恨別鳥驚心
のろしの火　三月たえせず　　烽火連三月
千重に恋し　ふるさとの書　　家書抵万金
しら髪は　いよよ短く　　白頭掻更短
かざしさえ　さしもかねつる　　渾欲不勝簪

参考

二〇一一年九月、空海ゆかりの西安の青龍寺を訪ねた折に、門前の空き地の立て札に思わず目がとまった。

双葉をあしらった札の上句は、最初の「踩」字を除けば杜甫「春望」の頷聯上句「感時花濺涙」に他ならないが、次句に「鳥」は詠まれず、「花」と「草」による対が構成される。上句の「踩時」は「感レ時（時に感じては）」とは違って、下句の「踏後（踏みし後）」と同じように「踩《ふ》みし時」の意味を表し、それを承けて「花」と「草」を詠じては、

踩時花濺涙（踩みし時　花は涙を濺ぎ）
踏後草揪心（踏みし後　草は心を揪《いた》む）

むしろ踏みつけられた「花」と「草」の痛みを擬人化して代弁し、花草を愛育保護する意識を啓発したものか。

杜甫「春望」という古典詩歌の中国と日本における受容の事例そのものであり、杜甫の同胞も異土の者も時空を超えて一つの古典に共感を持って接し、それをまた自らの表現の具にしている事実が楽しい。そこに古典の生命《いのち》と価値とを感じ取ることができるが、「春望」は中国でも「中学語文」の教材になっている。日中共通の中学学習教材の視点に立った多角的な比較研究もまた一興にちがいない。

第二章

王維の詩篇
――「輞川」の地と教材――

一、「語文」および「国語」教科書における王維の詩篇

王維の詩篇は日中の学校教育の環境の中でどのように教材化されていようか。

中国の人民教育出版社「語文」によれば、王維の詩篇は、『小学語文』の三年級上「九月九日憶山東兄弟」（七言絶句）、四年級上「送元二使安西」（七言絶句）、六年級下「鳥鳴澗」（五言絶句）、『中学語文』の七年級下（課外古詩詞背誦）「竹里館」（五言絶句）、八年級上「使至塞上」（五言律詩）、八年級下（課外古詩詞背誦）「終南別業」（五言律詩）が採録される。

加えて、「義務教育語文課程標準（二〇一一年版）」附録1の「暗記推奨篇目」には、一～六年級七十五篇中、「鹿柴」（五言絶句）・「送元二使安西」・「九月九日憶山東兄弟」の三篇、七～九年級六十篇中、「使至塞上」の一篇をリストアップする。さらに高校では「高中（選修）」『中国古代詩歌散文欣賞』に（推薦教材）「積雨輞川荘作」（七言律詩）が採録される（都合九首）。

日本では、中学校の「国語」現行五社の教科書の中で、一社が「送元二使安西」（三年）を、一社が別冊〔資料編〕に「鹿柴」（二年）を掲載する。高等学校「国語総合」の教科書では、現行九社二十三種の中で、九社二十一種が「送元二使安西」を採録し、「九月九日憶山東兄弟」と「竹里館」をそれぞれ一社一種が採録する。高等学校「古典A」五社五種では、二社が「竹里館」を、また他の二社が「鹿柴」と「送元二使安西」を一首ずつ採用する。「古典B」十社十八種では、六社十種が「鹿柴」、三社七種が「竹里館」、一社二種が「雑詩」（五言絶句）、一社一種が「九月九日憶山東兄弟」ないし「送別」（五言古詩）をそれぞれ採録する（都合六首）。

日中の教科書に採録される王維の詩篇を対比していえば、「送元二使安西」「九月九日憶山東兄弟」「竹里館」「鹿柴」という代表的な作が共通して採録されるが、中国ではすでに小学校で「送元二使安西」「九月九日憶山東兄弟」といった送別と友情や望郷と兄弟愛のテーマ性を持つ作を学ぶところが特徴的である。日本では古典の学習は小学校での導入を踏まえて中学校で具体化する。中学では杜甫の律詩「春望」が全教科書採択になっているのに対して、中高を総じて「送元二使安西」の採録が圧倒的に多いのは、詩句の理解も容易で共感をよぶためか。「九月九日憶山東兄弟」は年齢的に学習者に近い「時に十七」の詠作の環境にあるが、採用は必ずしも多くない。

日中に共通して採録の多い「送元二使安西」を引用してみる。

渭城朝雨浥軽塵（渭城の朝雨　軽塵を浥し）
客舎青青柳色新（客舎　青青　柳色新たなり）
勧君更尽一杯酒（君に勧む　更に尽くせ一杯の酒）
西出陽關無故人（西のかた　陽関を出づれば故人無からん）

この詩篇は、西北の辺地に旅立つ人を見送る習慣の中にある。渭水を隔てた渭城で友と名残を尽くして旅の無事を祈る。早朝の雨に洗われた爽やかな空気の中で、柳の枝葉が瑞々しい。別れに際して、見送る人が柳の枝を手折り、それを環《わ》にして贈る習俗のあることは、よく知られるところである。「柳」そのものが音声的に「留」（引き留める）の意に通じ、「環」は「帰還」の「還」に音声的に通じる。はなむけするとともに、知友も稀な遠地への旅路を気遣えばこそ思わず更に一杯の酒を勧めざるを得ない。こうした伝統的文化の中に位置する詩篇を、日中の教学の場でどのように取り扱っているかの研究もまた古典の学習に関して重要な課題となる。

二、輞川荘の銀杏樹

王維の詩篇において精神的に大きな意味をもったのが輞川荘の生活でもあった。二〇一八年の春、輞川の地を訪ね、よすがを伝えるお手植えの銀杏樹をはじめ、その風光を目にする機会を得た。些かその見聞を記せば、銀杏樹前の「鹿苑寺」碑（二〇一三年十月、藍田県人民政府建立）の背面には、

> 鹿苑寺は輞川鎮白家坪村の向陽公司十四号廠区内に位置する。又の名を清源寺という。（略）寺前には唐の王維お手植えの銀杏一本があり、高さは二十メートル、樹径は一・八メートル。『旧唐書』『藍田県志』の記載によれば、清源寺は唐代に建立され、唐末の戦乱で破壊された。

と説明する。かつて王維が所有した土地は近現代に向陽公司という企業体の敷地の一角に組みこまれ、いまは工場の廃屋と思しい佇まいの中に銀杏樹が鎮座する。前方の草むらには、不鮮明ながら「王維手植銀杏樹」碑（二〇〇二年五月、中共航天四院党委建立）もあり、

> 現在の王維お手植えの銀杏は高さ約二十メートル、幹の直径一□□メートル。健壮にして茂盛し、蒼老　巍然たり。（略）

と樹木の現況を記しとめる。

碑文の文面にいざなわれて『藍田県志』（『新修方志叢刊』による）を繙いてみれば、光緒『藍田県志』（一八七五年刻本）巻六「土地志」「古蹟」に「輞川別墅」「王維輞川集序」に関連して銀杏樹について記載する。

旧志、（略）老銀杏樹株在寺門東。即文杏館也。（旧志にいふ、（略）老銀杏樹の株　寺門の東に在り。即ち文杏館なり。）

「旧志」とは、書誌的に先行する雍正『藍田県志』（一七三〇年刻、順治年間増刻本の鈔本による）を指すもので、その巻一「古蹟」に次のようにある。

老銀杏樹一株在寺門東。即文杏館也。（老銀杏樹一株　寺門の東に在り。即ち文杏館なり。）

光緒『藍田県志』は、この「旧志」の記載に依りつつも、「一株」の「一」字を節略して記載したものと推測される。また、同じく光緒『藍田県志』附「輞川志」巻二「名勝」にも、

文杏館遺址、在寺門東。今有銀杏一株。（文杏館の遺址は、寺門の東に在り。今　銀杏一株有り。）

のように「銀杏一株」の記載がある。さらに民国続修『藍田県志』（一九三五年修、一九四一年餐雪斎鉛印本）巻二十二「輞川志」巻二「名勝」には、追記を認める次の一条が記載される。

文杏館遺址、在寺門東。今有銀杏一株。相伝王摩詰手植。（文杏館の遺址は寺門の東に在り。今　銀杏一株有り。王摩詰手づから植うと相伝す。）

「文杏館」は「輞川集」にも詠まれる景勝で、「寺門」は「鹿苑寺即ち清源寺」の門を指す。いま眼前にある銀杏樹こそ、王維が輞川で営んだ生活のよすがとして往昔から愛惜された象徴的な樹木であることは確かである。とはいえ、「王摩詰手植」は文献的には「民国続修」の新しい記載になることが分かる。

三、日本近代文学における王維

日本近代文学のなかでは、たとえばエピグラフをはじめ唐詩が作品の展開を機能している谷崎潤一郎『鮫人』（未完）において、中国から帰国した作中の南は、「半熟の西洋主義に祟られつゝある今の日本」で、美を見出すべき純朴な自然が到るところで破壊されるなか、

もともと支那に比べれば小規模で貧弱な此の国の自然のうちで、倪雲林の山水や王摩詰の詩境を何処に求めたらいゝであらう。

と問う。「倪雲林の山水」すなわち元末の四大家の一人である倪瓚（一三〇一～一三七四）、字は元鎮、号は雲林の山水画と並称されている「王摩詰の詩境」は、王維、字は摩詰が詩画に優れ、宋の蘇軾が「詩中有画、画中有詩（詩中に画有り、画中に詩有り）」と評した境地をいう。その八字は、蘇軾が「藍田煙雨図」に書きつけた題跋（『東坡題跋』巻五）に由来する。それは「鹿柴」「竹里館」を含む王維の輞川荘の生活を象徴する「輞川集」等の詩篇の精神に連なるものでもある。

夏目漱石の「山路を登りながら、こう考えた。」に始まる『草枕』においても、「竹里館」の詩篇が登場する。

智に働けば角が立つ。情に棹させば流される。意地を通せば窮屈だ。とかくに人の世は住みにくい。

と軽妙に処世の道を語り出すなか、「余が欲する詩」に論じいたっては、

俗念を放棄して、しばらくでも塵界を離れた心持ちになれる詩である。

と明言する。のみならず、西洋の詩は「人事が根本になるからいわゆる詩歌の純粋なるものもこの境を解脱する事を知らぬ。」と語る一方、「うれしい事に東洋の詩歌はそこを解脱したのがある。」と断じては、晋の陶淵明「飲酒」

其五の二句、

採菊東籬下　（菊を採る　東籬の下）
悠然見南山　（悠然として南山を見る）

と唐の王維「竹里館」の四句、

独坐幽篁裏　（独り坐す　幽篁の裏《うち》）
弾琴復長嘯　（琴を弾じて　復た長嘯す）
深林人不知　（深林　人知らず）
明月来相照　（明月来りて相照らす）

とを挙げて、後者に対しては、「ただ二十字のうちに優に別乾坤を建立している。」と道破する。かくて、淵明、王維の詩境を直接に自然から吸収して、すこしの間までも非人情の天地に逍遥したいからの願。一つの酔興だ。

と心念を明かす。一人の近代作家における中国詩歌の受容の深い痕跡がここに刻みこまれる。

近代作家の王維の詩篇の親愛がまた『草枕』という作品を介して、その読者たちを王維の世界へ誘い親炙させる源泉ともなっているに違いない。その多くの静謐な自然詩を詠じた王維の詩篇のなかで、中国の「語文」教科書には「終南別業」「積雨輞川荘作」といった輞川の生活や精神が濃密に表れる詠作が選詩されることには注目される。その教材間の位相のなかに、日中間の伝統・文化に対する教学上の立ち位置の差異を読み取ることもできると考える。

四、阿倍仲麻呂との交友

日中交流の歴史に名高い阿倍仲麻呂は、七一七年（元正天皇の養老元年、唐の玄宗の開元五年）に入唐し、やがて科挙に及第して玄宗に仕え、王維や李白らと交流したことが知られる。およそ三十五年を経て、仲麻呂が七五三年（玄宗の天宝十二載、孝謙天皇の天平勝宝五年）に日本へ帰国するに際して、王維は「送秘書晁監還日本国（秘書晁監の日本国に還るを送る）」（五言排律）に深い惜別の思いを詠じた。

積水不可極　（積水　極むべからず）
安知滄海東　（安くんぞ滄海の東を知らん）
九州何処遠　（九州　何れの処か遠き）
万里若乗空　（万里　空に乗ずるが若し）
向国惟看日　（国に向かひて　惟だ日を看）
帰帆但信風　（帰帆　但だ風に信《まか》す）
鰲身映天黒　（鰲身　天に映じて黒く）
魚眼射波紅　（魚眼　波を射て紅なり）
郷樹扶桑外　（郷樹　扶桑の外）
主人孤島中　（主人　孤島の中）
別離方異域　（別離　方《まさ》に域を異にすれば）
音信若為通　（音信　若為《いかん》か通ぜん）

その終聯の「別離方異域、音信若為通」には、一衣帯水に隔てられて音信の容易ならざる往昔の、今生の別れにまがう哀切の思いが溢れる。これに応えた詩篇が「銜命還国作（命を銜み国に還るの作）」であるといわれる。

銜命将辞国（命を銜み　将に国を辞せんとす）
非才忝侍臣（非才　侍臣を忝くす）
天中恋明主（天中　明主を恋ひ）
海外憶慈親（海外　慈親を憶ふ）
伏奏違金闕（伏奏　金闕を違《さ》り）
騑驂去玉津（騑驂　玉津に去る）
蓬莱郷路遠（蓬莱　郷路は遠く）
若木故園隣（若木　故園の隣）
西望懐恩日（西を望み恩を懐かしむ日）
東帰感義辰（東へ帰って義に感ずる辰）
平生一宝剣（平生　一宝剣）
留贈結交人（留め贈る　交を結びし人に）

非才にして玄宗に仕えた慈恩に拝謝するとともに、交わりを結びし人に宝剣を贈り記念とすると詠じている。この詩篇はもとより、仲麻呂といえば、人口に膾炙するのが帰国に際してその望郷の思いを詠じた和歌でもある。

天の原ふりさきみれば春日なる三笠の山にいでし月かも

『古今和歌集』巻九「羇旅歌」に「唐土にて月を見て詠みける」と題して収載され、『小倉百人一首』にも選ばれて親しまれ、紀貫之『土佐日記』の「正月二十日」には初句を「青海原」にして引かれる。

二〇一八年は日中友好平和条約締結から四十年の記念すべき年に当たっていたが、条約締結の翌年の一九七九年には、奈良市と西安市が友好都市協定締結五周年を記念して、西安の興慶宮公園に「阿倍仲麻呂紀念碑」を建立したことが知られる。この阿倍仲麻呂紀念碑には、向かって左の面（東面）に仲麻呂の和歌の漢詩訳が刻される。

翹首望東天　（首《かうべ》を翹《あ》げて東天を望めば）
神馳奈良辺　（神は馳す奈良の辺）
三笠山頂上　（三笠の山の頂上）
想又皎月円　（想ふ又た皎月の円きを）

漢詩訳の左の下方に「阿倍望郷詩（阿倍の望郷の詩なり）」と記されるのみで、裏面（南面）の由来書きにも漢訳詩に関しては記されない。[1] 祈念碑の右の面（西面）には李白の「哭晁卿衡（晁卿衡を哭す）」を刻す。

日本晁卿辞帝都　（日本の晁卿　帝都を辞し）
征帆一片繞蓬壺　（征帆一片　蓬壺を繞る）
明月不帰沈碧海　（明月は帰らず　碧海に沈む）
白雲愁色満蒼梧　（白雲愁色　蒼梧に満つ）

李白は仲麻呂の遭難の報に接して詠じているが、事実として仲麻呂の乗った遣唐使船は暴風に難破して安南に漂着。七五五年（天宝十四載）にようやく長安に戻り、再び故国の土を踏むことは無く、唐土に没した。

こうした日中交流史に基づく詩文教材の開発も、詩歌のテーマや表現の観点から有意義なものとなると考える。波濤を越えてゆく帰帆、征帆こそ遣唐使を象徴するものでもあり、満帆の遣唐使船は阿倍仲麻呂祈念碑に、波濤は青龍寺の空海記念碑に、それぞれ碑を囲む外柵にデザイン化されていることを付記しておく。[2]

注

（1）「二〇一九年日本語教育与日本学研究国際研討会」（二〇一九年五月十五・十六日、上海・同済大学で開催）における金中「西安阿倍仲麻呂祈念碑的和歌訳者」の特別講演（「日本文学」一）で、当時、西安市政府辦公庁外事処（西安市外事辦公室の前身）に勤務した鄧友民氏が漢詩訳はもとより、碑文の構成全般を担当したことを紹介する。「微信（WeChat）」「金中詩詞」に二〇一九年五月七日付で掲出された「中日交流珍貴資料：阿倍仲麻呂詩碑的翻訳経緯及照片（中日詩歌研究所独家披露）」には、二〇一六年四月二十六日に訪問インタビューしたことを含めて、詳細に経緯が記される。

（2）以上の考察は、『アジア・文化・歴史』第十号（二〇一九年三月、アジア・文化・歴史研究会）所掲の拙文「西安聞見抄（7）—輞川の記」から適宜抽出し、中国の「語文」教科書に関して追補・整理するとともに、加筆して原稿化したものである。考察には、渡部英喜『自然詩人王維の世界』（二〇一〇年十一月、明治書院刊）を参照した。

資料

王維お手植えの銀杏樹

第三章

菅原道真「九月十日」の詩篇をめぐって

一、「九月十日」詩と「断腸」

「断腸」という語は、我々の日常生活において「断腸の思い」などと熟して使用されることの多い漢語の一つである。その「断腸」の語を含む菅原道真の詩篇に「九月十日」詩（七言絶句）がある。大宰府に貶謫されて後の延喜元（昌泰四年七月改元、九〇一）年秋、重陽節の翌日となる九月十日に詠出された詩篇で、道真の全詩篇の中でもとりわけ人口に膾炙する詩作である。

去年今夜侍清涼　（去年の今夜　清涼に侍りき）
秋思詩篇独断腸　（秋思の詩篇　独り腸を断つ）
恩賜御衣今在此　（恩賜の御衣　今　此に在り）
捧持毎日拝余香　（捧げ持ちて日毎に余香を拝す）

道真は、「去年」（昌泰三年）の「今夜」（九月十日）宮中の清涼殿に侍して、応制の「秋思詩篇」を詠作した当時を回想する。思えば、それから四カ月余を経た昌泰四年一月二十五日、ライバル藤原時平らの讒言によって大宰権帥に貶謫されるにいたった。かくて、いまこの流謫の地に「去年」の「今夜」帝から頂戴した「恩賜」の「御衣」を帯同して、日ごとにその余香を拝する現実にあることを詠じている。この作には特別に難解な文字は配されず、その簡明平易な字句の中に逐臣の万感の思いが詠まれているといってよい。しかし、そこに凝結した思いを考えるとき、その平明な措辞の中にあってとりわけ存在感のあるのが「断腸」の語に支えられた承句である。その「秋思詩篇独断腸」の詩句が、一篇の詩意を考える中で解釈上の問題点となってきたことは、注釈史的にも裏付けられる。

もちろん「九月十日」詩は大宰府下向後の詩篇を収載した『菅家後集』の中の一篇として存在するが、そのもう一方で、歴史物語として名高い『大鏡』の「左大臣時平」の伝においても、道真の生涯を語るなかにこの詩篇にまつわる話題が登場する。

又、かのつくしにて、九月九日、きくのはなを御覧じけるついでに、いまだ京におはしまし丶時、九月のこよひ、内裏にて菊の宴ありしに、このおとゞのつくらせ給ける詩をみかどかしこく感じ給ひて、御衣《おんぞ》たまはり給へりしを、つくしにもてくだらしめ給へりければ、御覧ずるに、いとゞそのをりおぼしめしいで丶、令作給ける、

ここでは「九月十日」を「九月九日」、すなわち重陽の節日のこととする。この日、筑紫の地で時節の菊の花を目にした道真がいまだ都にあった当時を追想し、内裏において催された菊の宴で道真自身が詠じたこの詩篇に帝（醍醐天皇）がひどく感動なさって御衣を賜り、この御衣をやがて大宰府へ帯同した道真が懐かしく拝して、当時を思い起こして詠作したのがこの詩篇であると物語る。かつ「九月十日」の詩篇を引載したあとには、「この詩、いとかしこく人々感じ申されき。」と人々の反応を記すが、この一段は大宅世継が見聞を語る中途に位置するわけで、直接の経験を回想的に述べる助動詞「き」が有効に働いている。この『大鏡』の他に、道真の生涯と死後の変異をも描いている『北野天神縁起絵巻』にも、荒れた軒端に秋が忍びよる大宰府の配所で、菊花紋を散らした行李

の中に納められた恩賜の御衣を前にして、悲しみむせぶ白い狩衣姿の道真が描き出され、詞章には「九月十日」の詩篇も引載される。

いずれも情感溢れる名場面であり、「九月十日」詩あるいは『大鏡』「左大臣時平」の章節は、高等学校国語科の古典教材として採られることも少なくない。「国語総合」は、二〇一三年度実施の『高等学校学習指導要領』のもとで共通必履修科目となったが、その後の学年に配当される「古典A」「古典B」の教材に採用された例も確認される。(1)また、『北野天神縁起絵巻』のこの場面は、高等学校の社会科日本史の資料集などに引用されることが多く、遷謫された道真の生活の一端を髣髴させるビジュアルな資料となっている。これらの教材に加えて、日本の古典中の古典とも称される紫式部『源氏物語』の「須磨」の巻では、この「九月十日」詩の転句がストーリーを機能する。

須磨に退去した光源氏は秋風の吹く折柄、華やかにさし出た八月十五夜の月に、殿上での管弦の遊びを恋しく思い起こし、白居易の「二千里の外　故人の心」の詩句（「八月十五日夜、禁中独直、対月憶元九」）を吟誦する一方、入道の宮（藤壺）が「霧やへだつる」と詠んだあの夜のことを恋しく思い起こして涙する。同時にあの夜、近しく昔話をされた帝（朱雀帝）の姿が故院（桐壺院）に似ていたことも思い出されて、源氏は、

恩賜の御衣は今こゝにあり。

と吟誦しながら、夜も更けてようやく奥に戻っていくのであった。ここに「九月十日」詩の転句がそのまま摘句されるのみならず、「御衣はまことに身をはなたず、傍に置きたまへり。」と結ばれる。源氏もまた朱雀帝から拝領した御衣を身辺から離さず置いた一人なのであり、まさに源氏は須磨の地で菅公が詠じた謫居の感懐を追体験しているといわねばならない。

『源氏物語』に道真の「九月十日」詩の確かな文学的受容の跡を認め得たが、(2)この物語の作者である紫式部の時代には、「九月十日」詩はどのように享受され、また承句はどのような句意に理解されていたか。道真が大宰府に

没して百年あまりを経て、世は藤原氏全盛の時代、道真の怨念に結びつけた理解もあったろうか。そうした往昔の事情に加えて、すでに見た今日的な複数の教科にわたる高等学校教材の環境からも、「九月十日」詩の解釈の可能性をめぐる再検討の試みは一つの大きな意味をもつと思われる。

二、「九月十日」詩と注

川口久雄『菅家文草　菅家後集』（『日本古典文学大系』第七十二巻、昭和四十一年十月、岩波書店刊）によれば、「九月十日」詩（482）の起句には、

御在所殿名。（御在所の殿の名なり。）

承句には、

勅賜秋思賦之。臣詩多述所憤。
（勅して秋の思ひといふことを賜りて賦《うた》ひき。臣が詩のみ多く憤る所を述べにたり。）

転・結の両句には、

宴終晩頭賜御衣。今随身在笥中、故云。
（宴終りて晩頭に御衣を賜へり。今身に随ひて笥の中に在り、故に云ふ。）

との注が付けられている。「九月十日」詩を理解するためには、起句の「清涼」が宮中の清涼殿を指すことはもとより、承句の「秋思詩篇」がいかなる作であったかを了解しておくことは不可欠である。特に「秋思詩篇」に関して具体的に確認しておくと、この詩篇は『菅家後集』に「九日後朝、同賦秋思、応制。」（473）の題で収載される七言律詩（以下、「秋思」詩と略記する。）である。「九日後朝」とは、九月九日（重陽）の後朝《よくじつ》、すなわち九月十日を

指す。この「後朝」の日には近臣たちに対する後朝の宴が催された。昌泰三年（九〇〇）に催されたこの宴で、帝（醍醐天皇）が侍臣たちに賜った詩題こそ「秋思」であった。「秋思詩篇」は、まさにその時の道真の詠作に他ならない。(3)

丞相度年幾樂思　（丞相　年を度《わた》りて幾たびか樂しみ）
今宵觸物自然悲　（今宵　物に觸れて自然《おのづか》ら悲しむ）
声寒絡緯風吹処　（声寒《さ》ゆる絡緯　風の吹く処）
葉落梧桐雨打時　（葉落つる梧桐　雨の打つ時）
君富春秋臣漸老　（君は春秋に富み　臣は漸く老いたり）
恩無涯岸報猶遅　（恩は涯岸無く　報ゐんこと猶ほ遅し）
不知此意何安慰　（知らず　此の意　何れにか安慰せん）
飲酒聴琴又詠詩　（酒を飲み琴を聴き　又　詩を詠まん）

丞相に任ぜられて年月を送りながらとりたてて楽しむこともなく、(4)「今宵」ふと物に触発されてわき起こった悲しみ。まして秋風に吹かれて寒々とすだく絡緯の声を耳にし、雨に打たれて葉を落とす梧桐を目にしてはなおさらのこと。いまだ春秋に富む帝に対して臣従する我が身は日ごとに老いていくばかりで、帝の限りない恩徳に容易に報いきれない苦衷を披瀝する。かくて酒を飲み、琴を聴き、また詩を詠じて、この思いを自ら慰めんとする道真の姿を見る。

「秋思」の勅題は、『楚辞』以来の「悲秋」の語にも連なるもので、道真の詠懐もまたその思いを点出する。この「秋思」詩をめぐっては、『十訓抄』第六の第十四話にも次のように伝えている。

菅丞相、昌泰三年九月十日の宴に、正三位の大将にて、内にさぶらはせ給ひけるに、「君富春秋臣漸老。

恩無涯岸報猶遅。」と作らせ給ひければ、叡感のあまりに、御衣をぬぎてかづけさせ給ひしを、（略）

「秋思」詩の頸聯をとらえて、帝の叡感と御衣の下賜とが語られる。この頸聯に詠まれた春秋に富む帝の恩徳に報いきれない苦衷こそが「秋思」詩を覆う悲愁憂悶の核心をなすもので、それが同時に御衣の下賜にいたる帝の叡感を生んだ源泉とも解される。与えられた勅題の「秋思」に対してこのような思いを託さざるを得なかった道真は、当時の彼を取りまく藤原摂関体制の政治的環境の中で思いに任せぬ憂いに見舞われていたらしい。川口が前掲書の注で指摘するように、同年の十月十日に書かれた「重請罷右近衛大将状」に、

自夏渉秋、心胸如結（夏自《よ》り秋に渉り、心胸結ぼれるがごとし）。

と心情を吐露する（後述参看）。いわゆる「秋思」詩に端的に表出された悲愁憂悶の思いは、一年の歳月を経過して、「九月十日」詩に「独断腸」の字句を以て再燃結晶したものであったろうか。

「断腸」の語は、今日的にも日本語の中で使用頻度の高い漢語である。その語の出典は六朝宋の『世説新語』「黜免」篇にあることが知られ、いわゆる「古典」の漢文教材として教科書に採られることもある。すなわち東晋の政治家・軍人である桓温（三一二〔四〕～三七四）による蜀への遠征に際して、三峡の地で子猿を手に入れた者があった。母猿は取られた子猿の乗る船を岸伝いに追って行くこと百余里、ついに船に跳びうつるや絶命する。母猿の腸は寸寸に断たれていたという。この故事から転じて、腸がちぎれるほどに悲しいこと、悲しみに堪えないことをいうことは言うまでもない。この故事に由来する「断腸」の語は、「九月十日」詩の承句「秋思詩篇独断腸」の解釈に当たってはどのように読解されてきたのか。大石千引（一七七〇～一八三四）の一八一〇（文化七）年三月に成った『大鏡短観抄』（『大鏡愚釈』『大鏡抄』ともいう）には、

断腸は肝腸寸断の義と席弘《ひろか》明集に見ゆ。

とのみ注するところである。以下に、本詩篇を収める関連の注釈書類によって検証を試みる。

三、「秋思詩篇独断腸」の注釈

一九七二（昭和四十七）年八月刊の猪口篤志『日本漢詩』上巻（『新釈漢文大系』第四十五巻、明治書院）の「九月十日」詩における「余説」の中で、「承句の『独断腸』の解釈に問題がある。」と指摘して、「秋思詩篇独断腸」の解釈を二つに大別する。猪口が用いた『日本漢詩』の解釈資料に加えて、明治以来の『大鏡』や『菅家後集』等の関係注釈書類をも洗い直して二通りの解釈を再整理してみたい。

〔A〕「去年」の「今夜」清涼殿で「秋思詩篇」を詠作して御感にあずかったことを思い起こすと、断腸の思いに堪えない。すなわち、去年詠じた「秋思詩篇」を回憶しての「今」の思いであり、そこには流謫という身の変転の感傷も含まれる。

〔B〕「去年」の「今夜」清涼殿で「秋思詩篇」を詠作して、断腸の思いを述べた。すなわち、「秋思詩篇」の詠作に込めたわが思いをいったものである。

この二つの解釈の変遷を概括しておくと、〔A〕の解釈に関して、結城蓄堂（『和漢名詩鈔』、一九〇九（明治四十二）年、文会堂書店）、塩谷温（『興国詩選（皇朝篇）』、一九三一（昭和六）年、弘道館）、池永潤軒（『和漢名詩講話』、一九三三（昭和八）年、京文社）を猪口は挙げるが、より古く一八九七（明治三十）年七月刊の鈴木弘恭『校正大鏡注釈』（青山堂書房）には、頭注の「去年今夜の詩」に起・承二句の句意を、

去年（昌泰三年）今夜（九月十日夜）清涼殿の帝側に侍坐したりし時、制に応して、秋思の拙作を賦したるに、かしこくも叡感を蒙りたるを、思ひ出せば、実に独腸を断つが如くである。

と示している（傍線は承句に相当する解釈・説明部分に筆者が施した。以下、同じ）。また同じく一八九七（明治三十）

年七月刊の落合直文・小中村義象合著『大鏡詳解』（明治書院）にも、

今年今日こそはかくてあれ、去年の今夜は、我もいまだ天皇の御寵愛を蒙りて、清涼殿の御佳宴に連り、多くの公卿と共に、秋思をのふる詩を作りて、辱くも帝の御感にあつかりて、御衣服をさへ賜はりて、一身の面目この上もなかりしに、今はかかる身なれは、当時の詩篇を思ひ出しては、空しく今昔の感に腸をちぎる許りなり。

と訳出する。この解釈は一九二七（昭和二）年二月刊の佐藤球『大鏡詳解』（明治書院）に継承され、一九三一（昭和六）年三月刊の水田勇賢『大鏡新解』（改進書房）にも流れこんでいるようである。また、この両書より先、一九一八（大正七）年に印行された種村宗八述『大鏡増鏡選釈』(5)の【通釈】にも、

去年の今夜は、此の身、尚、右大臣として京都に在りて、清涼殿に開かれたる御宴に侍つたのである。其の時に「秋思」といふ御題にて一篇の詩を作つて陛下に奉つたが、其の時の事を思ふと、腸のちぎれるやうな思ひが悲みを感ずる。

とあり、〔A〕の解釈が認められる。

一八九七（明治三十）年刊の二書以来、多少ニュアンスの差は異なるものの久しく〔A〕の解釈が支配的であったことが確認されるが、やがて一九三四（昭和九）年頃に解釈上の転換点が訪れる。同年二月に刊行された橘純一『大鏡通釈』（瑞穂書院・発行、楽浪書院・発売元）には、起・承の二句を、

去年の今夜（昌泰三年九月十日）は、禁中清涼殿に於ける重陽後朝の御宴に於て、陛下の御前に侍し、「秋思」といふ御題で、詩一篇を作つて、断腸の思を述べましたが、陛下は、この詩を御嘉賞下され、畏くも御衣を賜り、一身の面目を施しました。

と訳す。私見によれば、ここに初めて〔B〕の解釈が確認できる。これは一九五四（昭和二十九）年刊の同じく橘

純一『原文対照大鏡新講』にも引き継がれるが、同じく一九三四（昭和九）年五月刊の三浦圭三『校註大鏡解釈』（楽園書房）には、注「四三」に「有名な詩だが初二句の解釈は二通りある。」と指摘する。

　一、去年の今夜は清涼殿に侍して秋思の詩を作つて自分独は断腸の思がしたが
　二、去年の今夜清涼殿に侍して秋思の詩を作つたことを今ここにして思ひ出すと転断腸の感に堪へない

その「二」は先に示した〔A〕の解釈であることは確かであろうが、その「一」は「自分独は断腸の思がした」との文意が不鮮明ながら〔B〕の解釈を意図したものでなかったろうか。「二」の解釈は、一九一四（大正三）年十月刊の簡野道明『和漢名詩類選評釈』（明治書院）の「評釈」に、「秋思の題にて詩を作りて独り腸を断つ思ありき、」とあるのを引きずっているようにも思われる。この二説のいずれを採るか、三浦は、

　七言絶句の作法から謂へば　起承転結の転句は三句目だから二句目までを「去年今夜」にかけるのが正しいけれど公が当時の心境から察して見ると第二の解が正しいと思ふ

と「二」すなわち先の〔A〕による考えを述べ、あわせて「秋思」詩はその勅題に相応しく「勿論悲しい想が盛つてあるけれどもその落想は案外のんきなものだ」と指摘しつつ、

　此が秀吟とあつて叡感にあづかり御衣まで拝領して面目を施したあの当時の幸福を今の我身の離落に比べて転今昔の感に堪へないと解く方が妥当であらう。

と駄目を押す。

　しかしながら、「一」に通ずると思われる〔B〕の解釈は、すでに見た一九三四（昭和九）年刊の橘純一『大鏡通釈』のみならず、一九四三（昭和十八）年刊の山田準『日本名詩選精講』（金鈴社）、翌一九四四年十月刊の橋本成文『日本漢詩の精神と釈義』（旺文社）にも確認される。橋本は『日本漢詩の精神と釈義』の中で、

　絶句の句法の上からは『断腸』は去年にかける方が至当と思はれる。この際にも断腸は現在にも響いて来るこ

とは勿論で、かくしてはじめて第三句『今此に在り』と転ずる句法が明らかとなろう。この点は念のため国分青厓先生に就いて示教を仰いだ。

と、漢詩作家として権威のある国分青厓の意見をも援引する。こうして戦後に著された注釈書では、この〔B〕の解釈が主流となり、[6] 一九六一（昭和三十六）年四月刊の次田潤『大鏡新講』（明治書院）をはじめ、保坂弘司の一九七四（昭和四十九）年六月刊『大鏡新考』（学燈社）・一九七九（昭和五十四）年十月刊『大鏡全評釈』上巻（学燈社）にも、〔B〕説が確認される。しかしながらここで興味深いのは、保坂の両書では「語釈」に、

> 「独断腸」は「去年秋思の詩篇を作ったことを思い、今大宰府で断腸の思いをしている。」と解す方が常識的に納得できるが、

と前置きして説明する点である。ここに〔A〕の解釈が「常識的に納得できる」解釈として根強くあった事実も確認できるが、結局は保坂も橋本の所説を引いて〔B〕の解釈に従っている。その述べるところは、猪口が一九七二（昭和四十七）年八月刊の『日本漢詩』上巻に解釈の整理を試みた背景に繋がる面もあろう。因みに、猪口は〔B〕の解釈によって、

> 思えば去年の今夜（昌泰三年九月十日）重陽後朝の宴に召され、清涼殿で陛下のお側近く侍《はべ》っていた。その時「秋思」という勅題を賜って、諸臣それぞれに詩を作ったが、妙に自分の詩だけが悲しみに満ちたものとなってしまった。

と通釈している。

一方、猪口の「余説」にも言及された一九六六（昭和四十一）年十月刊の川口久雄『菅家文草　菅家後集』の頭注「三」には、

> 道真は右大臣右大将となって、左大臣左大将時平をめぐる藤原摂関権力体制のなかでしだいにうき上がり孤

立化して行く状況を敏感にかぎとって、「心胸結《むすぼほ》るるが如」き気分、もどかしい気持を「この意何れにか安慰せむ」と、腸を断つような痛切なおもいをこめて秋思の詩によみこんだのであったとの意。（中略）「独り腸を断つ」というのは、一年前の憂憤の情をさしていうことばである。

と指摘される。この「一年前の憂憤の情」とする解釈は、〔B〕の解釈そのものであろう。その所説は一九七四（昭和四十九）年十二月刊の橘健二『日本古典文学全集』「大鏡」（小学館）頭注「一八」に「一年前の心情」として採られて、

いま大宰府で去年のことを思い起こして断腸の思いがする、ととるのは誤り。

と注釈されるにいたった。〔A〕の解釈が否定される一方、一九九五（平成七）年四月刊の国金海二・菅野禮行『日本漢詩・漢文』（『漢詩・漢文解釈講座』第十七巻、昌平社）には、「九日後朝、同賦秋思応制」の「鑑賞」で、「九月十日」詩の承句に「臣詩多述所憤。」の注のあることをとらえ、「秋思」の詩における断腸の思いがいかなるものであったのかを考察する。また、一九九六（平成八）年六月刊の橘健二・加藤静子『新編日本古典文学全集』三十四「大鏡」（小学館）の頭注「一三」は、

腸を断つような痛切な思い。『菅家後集』のこの部分に注が付き、勅題で「秋思」を賜り「臣ガ詩多ク憤ル所ヲ述ブ」とある。「秋思」の詩で、若い主君の恩に老齢の自分が応えることができずにいると、もどかしいむすぼほれた気持を詠じている。

と注する。「秋思詩篇独断腸」の解釈において、まさに〔B〕の解釈が採られる根底には『菅家後集』の「九月十日」詩に付帯する注が大きな意味をもっていたことは事実として否めないものと考える。その意味において、以下には特に「臣詩多述所憤。」の注記と承句の意味的な関わりの面からこの解釈の問題を論究したい。

四、「九月十日」詩の注を考える

先に引用した「九月十日」詩の注は、そもそも川口が『菅家文草　菅家後集』の頭注に、「以下の分注は、すべて底本にない、いま貞享板本により補。」と明記している。『菅家後集』の底本とは、その「凡例」によれば、「(加賀) 松雲公が七、八百年前の古鈔本を忠実に抄写せしめた」前田家尊経閣所蔵甲本で「善本と認められる」という。また、この「九月十日」詩の注の出所とされる「貞享板本」は、時代は江戸に下って貞享四年(一六八七)板黒川道祐跋本を指している。

この「九月十日」詩の注は、本来、道真自身による注としてこそ意味のあるものである。一九九八(平成十)年十一月刊の小島憲之・山本登朗《とくろう》『菅原道真』(『日本漢詩人選集』第一巻、研文出版)はこの注を「自注と思われる注」として位置づけ、起・承の二句は、

去年のちょうど今夜、宮中で重陽の後宴が開かれ、わたしは清涼殿で帝のおそばに列席していた。その席で、与えられた『秋の思い』という題で人々が詠んだ作のうち、わたしの作だけが、腸《はらわた》がちぎれるほどの深い苦悩をたたえていた。

と〔B〕の解釈をとる。しかし、こうした「自注」に類する捉え方に関していえば、川口が先の頭注に記したように古鈔本系の底本に無く、この貞享板本に依拠したものであることによれば、この注自体が比較的に新しい時代のもので、あるいは江戸の時代に新補されたもののごとくにも思われる。

しかもその注の内容にしても、起句の「清涼」の語に対する「御在所殿名。」との記載は、果たして詠作者自身が付ける内容であろうか。また転・結両句に関わる注にしても、「今随身在笥中。」とは、御衣を納めた菊花紋の笥

が描かれる『北野天神縁起絵巻』の絵柄を想起させる面がある。却ってこうした絵柄から発想された注ではなかったろうか。加えて末尾の「故云」はいかにも説明じみている。

承句に付された注はどうか。三つの注の中では最も自注のごとくに見えはするが、そうとは容易に思われない。ただ注としてあるがままに向き合えば、「勅賜秋思賦之。」は「秋思」が御題であったことをいったもので、「臣詩多述所憤。」はこの勅題による「秋思」詩に憤りの思いを詠述したとの意になる。ここに見える「憤」の字は、動詞としては「心中の憂さや憤懣を吐き出すこと」をいう。また和語の「憤る」は「怒る」意味もあるが、古くは「息が詰まること、思いがこもって胸につかえること」を基本的にいう。こうした「憤」の字義を斟酌してみると、注にいう「憤る所」とは、胸につかえる思いをいったもので、ひいては「秋思」詩に確認し得た悲しみや愁いと等質のものをいっていると理解される。ただ、これを直ちに承句全体の解釈に結びつけて、「臣詩」を「秋思詩篇」に、「多述所憤」を「独断腸」の表現に置き換えて解釈し得るかといえば、多少のためらいを覚えざるを得ない。確かに「臣詩多述所憤。」が承句の句意を約説代言しているように捉える向きもあろうが、私見によれば、承句に付された「勅賜秋思賦之。臣詩多述所憤。」は、起句の注が「清涼」の語に対するものであったごとく、「秋思詩篇」という詩自体に対して付されていたもので、その注の主旨は、道真の詩篇が「秋思」の勅題に相応しい思いを寄せた詠作にほかならないことを道真の言に仮託して述べることにあったと思考する。そして「独断腸」は、その注記にいうがごとき「秋思」の詠作がどうであったかを説く字句であったと解する。まさに先に示した注記の解釈に出発して、承句全体の構造と解釈を、とりわけ「独断腸」の解釈を中心に問い直す所以である。

五、「断腸」の解釈

まず、承句の「秋思詩篇独断腸」の構文性について考えておきたい。奇を銜った解釈をするまでもなく、「秋思詩篇」を主語、「独断腸」を述語部とする主述構文で発想してやると、どのように解釈できようか。もとより「独」字は、「只」「独唯」の意味で、強調を表していると解し得る。(7)「秋思詩篇」は、勅題の「秋思」にふさわしい思いを詠じたわが詩篇をいうのであり、そのわが詠作だけが「腸を断つ」とはいったい何をいったものか。

「断腸」の語が『世説新語』「黜免」篇に出典し、広く悲しみや愁いを表現するのに用いられることはすでに記した通りである。この「断腸」に関わる用例は、道真の詩篇において十六例の多きにいたる事実があり、しかも悲しみや愁いに関する常套的な意味の枠を越える複数の用例が確認できる。(8)この特殊な例の中から一例のみを挙げれば、寛平七年（八九五）の詠である「薔薇」(403)の尾聯である。

愛看腸欲断　（愛し看て腸断えんと欲す）

日落不言廻　（日落つるも廻《かへ》らんことを言はず）

道真が薔薇の花をジッと愛でて日が暮れても家路につけないのは、薔薇の愛くるしい花にひどく魅了されているからにほかならない。まさにこの「腸断」は、腸が断えんばかりの思い、すなわち胸がキュンと締めつけられる衝撃やその感動そのものをいったものに他なるまい。(9)

こうした用例が道真に限って特殊なのかといえば、決してそうではない。日本における「断腸」の最も古い用例として『万葉集』の例のなかで、「新田部親王に献《たてまつ》る歌」(3835)の左注に同様の特別な用例を認めることができるのである。勝間田の池に出かけて帰った新田部親王が婦人に語ってきかせた部分に注目したい。

時に婦人《をみな》に語りたまはく、「今日遊行《いでま》して、勝間田の池を見るに、水影濤濤《たうたう》に、蓮花灼灼《しゃくしゃく》なり。㤢怜《おもしろ》きこと腸を断ち、言ふこと得べからず」とのたまふ。

「㤢怜」は「可憐」「㤢憐」に通じる。「㤢怜断腸」は、灼灼と赤く咲く蓮花が可憐そのもので腸を断つ、すなわちその筆舌尽くしがたい愛らしさにひどく感動したことを話して聴かせたのである。

「断腸」あるいは「腸断」の語が必ずしも悲しみや愁いを表すだけでないことは明らかである。因みに、「断腸」や「腸断」の語が、胸が締めつけられるほどの愛らしさ、恋慕の情をかきたてるまでの愛しさ、情愛の切なさ、あるいはそれらによる感動や喜びなどの表現に用いられたことは、中国の六朝詩や唐詩の用例に確認される。たとえば、南朝宋の鮑照が詠んだ「代淮南王」二首の其一の末句である。(10)

鸞歌鳳舞断君腸　（鸞歌　鳳舞　君の腸を断つ）

鸞のごとき歌と鳳のごとき舞いとが、君すなわち淮南王の腸を断つというが、この「断腸」は感動や賛嘆の意味を表す。「鸞歌鳳舞」が主語、「断君腸」が述語部となる主述構文は、「秋思詩篇独断腸」のそれと類似する。異なるのは「断腸」の「腸」が「君」を伴う点である。この「腸」が人称詞（所有格）を伴う用字は、『世説新語』に出典する「断腸」の語よりも時代的に先んじて用例の認められた「絶腸」の語の類例に遡り得る。

念之絶人腸　（之を念へば人の腸を絶つ）（後漢・曹操「蒿里行」）

断絶我中腸　（我が中腸を断絶す）（魏・曹丕「雑詩二首」其二）

「人」や「我」という人称詞をともなった使用例を確認できる。(11) これらによれば、「絶腸」なり「断腸」なりの語にとって、もとより誰の腸を絶つのかは重要な要素であったと考えられる。それがやがて「断腸」の語として熟語化し意味的にも安定化すると、人称詞をともなう必要性は希薄化したと推測される。

以上のように「断腸」の語における特殊な用法は、道真よりも古くの時代に遡って認め得ることが明らかである。

この「断腸」の特殊な用法の存在することによれば、道真の「九月十日」詩における「独断腸」もまた、まさにその「秋思」の詩篇が内容的に「腸を断つ」あるいは「腸を断たしむる」ほどの詠作であることをいったのではないか。むろん、「断つ」のは自分自身の腸ではない。「去年」の「今夜」、後朝の宴に臨席することを許された人々の「腸」を断つのであり、もちろん帝（醍醐天皇）はその人々の首座にまします。その席で道真の詠じた「秋思」詩こそが帝の「腸」、すなわち帝の心を大いに打って、御感のあまり御衣が下賜されたと解釈される。その表現は一見不敬のごとくに思われもするが、漢語の白話的な用法として珍重すべきものでなかったか。その解釈は、すでに見た『十訓抄』第六の第十四話に確認される「叡感」の意に相通じるものであるにちがいない。

この「断腸」の解釈は、従来の理解の範囲を超えるものである。しかし、「断腸」の特殊な用例が六朝・唐の詩歌はいうに及ばず、古く『万葉集』の漢文表記を初めとする日本の漢語資料にも確認し得るという外証、ならびに道真自身の詩篇中にその複数の用例が存在するという内証[12]が存在する。それらは、上述の「九月十日」詩の承句における新たな解釈の可能性を保証しこそすれ、それを無下に否定しさる材料とはならないものといえる。

加えて、よくよく注釈の歴史を振り返ってみれば、古く〔A〕の解釈グループに属した一八九七（明治三十）年七月刊の鈴木弘恭『校正大鏡注釈』には「制に応して、秋思の拙作を賦したるに、かしこくも叡感を蒙りたるを」、同年同月刊の落合直文・小中村義象合著『大鏡詳解』にも「多くの公卿と共に、秋思をのふる詩を作りて、辱くも帝の御感にあつかりて」、〔B〕の解釈グループに属する一九三四（昭和九）年二月刊の橘純一『大鏡通釈』にも「『秋思』といふ御題で、詩一篇を作つて、断腸の思を述べましたが、陛下は、この詩を御嘉賞下され」、同年五月刊の三浦圭三『校註大鏡解釈』にも「此が秀吟とあつて叡感にあづかり」というように、多くは転句にいう御衣の下賜に連なる脈絡の中で、帝が道真の詩に感動されたことに触れている。それは橋本成文がいう「断腸は現在にも響いて来る」との指摘とも関わるであろうが、「九月十日」詩を詠ずる道真にとって、昨年のわが「秋思」の詠作に対する帝の御感は無上にして忘れ得ぬことである。「秋思詩篇独断腸」こそ、去年の帝の叡感の事実を自ら詠じた自負の句にほかなるまい。その意味からも「断腸」の解釈が問い直されねばならぬものと考える(13)。

六、「九月十日」詩の意味空間

「九月十日」詩は、「去年今夜」と「今」とを時間的に対置する中で逐臣の感慨を表白した作ということができる。承句に対する解釈を上述のごとくに考えるとき、この「九月十日」詩の意味空間は一変する。すなわち起・承の二句は、「去年今夜」における清涼殿での詠作にまつわる過去の栄光という「明」の空間を回想的に詠出したものと理解され、それと同時に、転・結の両句は、「今」現在の、まさに流謫の地での悲哀という「暗」の現実空間を御衣の余香を介して点出したということができる。これによって、上二句と下二句との「明」と「暗」、あるいは「ハレ」と「ケ」ともいうべき空間が鮮明に対比せられ、従来の起・承の二句から全篇がすべて愁苦と悲哀に覆いつくされた沈鬱な世界とは異なる意味空間が降誕していたと理解されるのである。

そもそもこの「九月十日」詩の詠作を伝える『大鏡』の字句は、

いまだ京におはしまし丶時、九月のこよひ、内裏にて菊の宴ありしに(起句)
このおとどのつくらせ給ける詩をみかどかしこく感じ給ひて(承句)
御衣《おんぞ》たまはり給へりしを、つくしにもてくだらしめ給へりければ(転句)
御覧ずるに、いとどそのをりおぼしめしいでて(結句)
令作給ける

のように、詩句の起・承・転・結それぞれの内容とおよそ対応するのであり、ある意味では「九月十日」詩の内容を先取り的に和文で示したもののごとくにさえ理解し得るものなのである。この事実を思うとき、あるいは『大鏡』は、道真のいう「断腸」の特殊な意味がもはや理解されなくなっていたがために、いわば故意にそれを補正する注釈的な詞章を用意したのではなかったのかとも推測される。

翻って、「九月十日」詩における承句の解釈は、ある意味では『菅家後集』に付帯する注の呪縛の中にあるといってよい。注を要視するのは一種の知見ではあろうが、その先入主が自由な解釈を阻害することもないではない。ある意味では注から適度に距離を置いた見地からの究問も必要である。本考察はそうした視点に立ったささやかな思考の一つの試みである。

注

（1）平成二十四（二〇一二）年度教科用図書（教科書）検定（平成二十五（二〇一三）年三月検定済、平成二十六（二〇一四）年四月使用開始）において、「九月十日」詩（『菅家後集』）は、教育出版『古典B（漢文編）』・『新編古典B（言葉の世界へ）』に採用される。また、『大鏡』は、「古典A」合格五点の内、右文書院『源氏物語・大鏡・評論』の「筑紫の道真」、教育出版『古典文学選古典A』の「道真左遷」に採用される。「古典B」合格十八点の内、明治書院『精選古典B（古典編）』の「道真の左遷」、大修館書店『古典B（古文編）』・『精選古典B』・『新編古典B』の「道真左遷」、東京書籍『精選古典B（古典編）』の「道真の左遷」に採用される。なお、その前の旧カリキュラムでは、大修館書店『古典1』・『精選古典』・『新編古典』（いずれも平成十五（二〇〇三）年三月二十日　文部科学省検定済）に「道真左遷」の題で採録されている。

（2）『十訓抄』第六第十四話をはじめ、大石千引『大鏡短観抄』（『大鏡愚釈』『大鏡抄』ともいう）や『岷江入楚』十二「須磨」にも指摘がある。

（3）『日本紀略』の昌泰三年（九〇〇）の記述に、「九月九日甲午、重陽宴。題云、寒露凝。」、「十日乙未、公宴。題云、秋思詩。」との詩題が確認される。「後朝」の意味については、菅野禮行「九日後朝の詩」（『平安初期における日本漢詩の比較文学的研究』、一九八八（昭和六十三）年十月、大修館書店刊）、波戸岡旭「『九月十日』詩考」（『宮廷詩人菅原道真―『菅家文草』・『菅家後集』の世界―』所収、二〇〇五年二月、笠間書院刊。原載は『漢文学会々報』第三十五輯「菅原道真『九月十日』の詩について」、一九八九年十二月刊）に考察がある。

（4）猪口篤志『日本漢詩』上（『新釈漢文大系』第四十五巻、一九七二（昭和四十七）年八月、明治書院刊）の「九日後朝、同賦秋思応制」の「語釈」「幾楽思」の項に、「『思』は助字で意味なし。」と指摘し、『詩経』「周南」「漢広篇」と「大雅」「抑篇」の用例を引くのに依る。

（5）古く早稲田大学における講義録である。無刊記。目次に「第二十四回文学科　年度講義録　本校出版部」とある。述者の種村宗八は早稲田大学出版部主事。本書は早稲田大学の校外教育のために刊行された「講義録」の一冊である。

（6）松村博司の『大鏡の新しい解釈』（一九五五（昭和三十）年八月、至文堂刊）・『日本古典文学大系』「大鏡」（一九六〇（昭和三十五）年九月、岩波書店刊）には、「去年の今夜は清涼殿の御宴で帝の御前に伺候していた。そして『秋思』という御題で詩一編を作ったが、今夜もまた同題の詩を作り独り断腸の思いを述べることだ。」との句意を示すが、「今夜もまた同題の詩を作」ったことはどこに確認できるのか、不明。海野泰男『日本の文学（古典編）』「大鏡」（一九八六（昭和六十一）年九月、ほるぷ出版刊）もこの説を採る。

（7）王云路・方一新『中古漢語語詞例釈』。猪口は『日本漢詩』上の「余説」の中で、「（略）句の造りからして『独断腸』の主語は『秋思詩篇』とするのが正しいであろう。」という。また「独」字については、「評釈」に「他の諸臣も作ったのであるが、ひとり自分の詩だけが」と注している。

（8）堀誠「道真断腸詩篇考」（『日中比較文学叢考』第二章所収。二〇一五年九月、研文出版刊）に詳説している。

（9）前年の寛平六年（八九四）の作である「有勅、賜視上巳桜下御製之詩、敬奉謝恩旨。」（377）の転・結二句に、「微臣縦得陪遊宴（微臣　縦ひ遊宴に陪するを得るも）、当有花前腸断人（当に花の前に腸断ゆる人有るべし）」とある。結句にいう「断腸人」は、勅命によって上巳の遊宴に陪席する喜びのため、美しい桜の花を前にして腸が断えるばかりに感涙にむせぶ自分の存在をいったものである。

（10）月野文子「万葉集巻十六の『献新田部親王歌』解釈の試み―『蓮無し』と『髭無し』をめぐって―」（福岡女子大学文学部紀要『文芸と思想』第六十二号、一九九八年二月刊）に、六朝の鮑照に加えて唐の劉禹錫の「断尽蘇州刺史腸」（「贈李司空妓」）の例を挙げている。

（11）道真の寛平五年（八九三）の「重陽夜、感寒蛬、応製。」（371）に「欲将蛬泣断人腸（蛬泣きて人の腸を断たむとす)」の用例がある。

(12) 注(8)所掲の「道真断腸詩篇考」に「九月十日」詩を含めてその用例をすべて示しているので参照いただければ幸いである。

(13) 滝川幸司『菅原道真　学者政治家の栄光と没落』(二〇一九年九月、中央公論新社刊「中公新書」)第五章「万事皆夢の如し―大宰府への左遷」の「都を思う」の中で「九月十日」詩を取り上げ、「第二句目の『断腸』は通常、腸が断ちきられるほどの悲しみを示す表現である。この詩でも、道真が詠んだ『秋思』の詩に痛切な悲しみが描かれていたと解釈されることが多い。しかし、この『断腸』は感動のあまり腸が断たれたという方向で解釈すべきであろう(「道真断腸詩篇考」)。」と記すとともに、「第二句の自注では、『秋思』では『憤』を詠んだという。『秋思』(後集)には、『君〔陛下〕は春秋に富んでおわかく臣は漸《だんだん》と老いてゆきます。〔陛下の〕恩は涯岸《かぎり》無く〔御恩に〕報いようとしても猶遅いのです』と、丞相という地位にありながら、なかなか天子の恩に報い得ないつらさを詠んでいた。それが『憤』に当たる。その道真の『憤』が感動を生じさせ、天皇から御衣を賜ったのである。」との解釈を提示している。

第二部〔中国小説と教材〕

第四章　「人面桃花」という古典（漢文）教材

一、はじめに

二〇一三年度にスタートした新しい高等学校学習指導要領下で「共通必履修科目」となった「国語総合」は、「教科の内容の基本となるものを全面的に受けた総合的な言語能力を育成する科目である」と位置づけられている。その改訂の眼目には伝統文化の教育があり、「国語総合」の必履修科目化は、高等学校において「古典」の学習が必須となるという重要な意味をもった。そして、選択科目である「国語表現」・「現代文A」・「現代文B」・「古典A」・「古典B」の五科目は、原則として「国語総合」を履修した後に履修することになる。

新教科書は二〇一三年度から学年進行で使用されているが、第一学年での使用となる「国語総合」の教科書は、九社（東京書籍・三省堂・教育出版・大修館書店・数研出版・明治書院・筑摩書房・第一書房・桐原書店）二十三種のテキストが検定刊行されている。また、第二学年以降に使用される選択科目の「古典A」は、四社（東京書籍・教育出版・右文書院・第一書房）五種、「古典B」は、十社（東京書籍・三省堂・教育出版・大修館書店・数研出版・明治書院・右文書院・筑摩書房・第一書房・桐原書店）十八種のテキストが検定刊行されている。その古典学習に関する教科書環境のなかで、漢文の教材を一覧してみると、片や「国語総合」の教材として、また片や「古典B」の教材として、両様に採用されている漢文教材がある。いわゆる「人面桃花」と題される唐代伝奇小説による教材は、「国語総合」の教科書のなかで、大修館書店の『国語総合』（「古典編・漢文編」六「唐代の物語」〔「漢文のとびら〈桃いろ〉（一海知義）」を含む〕）および『新編国語総合』（「古典編・漢文編」4「物語へのいざない」〔「鶏鳴狗盗」とで構成〕）の一社二種にテキスト化されている。また、「古典B」の教科書の中で、明治書院の『高等学校古典B』（「漢文編後編」3「小説」〔「死友」「酒虫」とで構成〕）、ならびに三省堂『高等学校古典B』（「漢文編」第二部・四「小説」〔李復言「杜子春伝」とで構成〕）および「精選古典B」（「漢文編」第二部・三「小説」〔李復言「杜子春伝」とで構成〕）の二社三種にテキスト化されている。

この「国語総合」と「古典B」とに教材として採用される「人面桃花」をめぐって、その教学の環境を視野に入れて考察を試みたい。とりわけ注目してみたいのは、崔護と女の出会いにはじまる物語の末尾に認められる、女の死と蘇生についてである。

二、「人面桃花」を読む

俗に「縁は異なもの味なもの」という。思えば、人を迎え人を送りだす門は、一つの境界として枢要な意味をもち、さまざまに人の出会いと別れを演出する空間となっている。

唐代伝奇小説に例を取れば、その白眉と称される白居易の弟白行簡の「李娃伝」では、科挙試験を受けるべく上京した主人公が、都見物の途中で、平康坊の東門から鳴呵曲に入ると、家の門の入り口で侍女に寄りかかった絶世の女を見初める。馬上の彼は心を奪われ、ときめきの時間を稼ぐためにわざと馬鞭を落とし、後から来る侍者が拾うまで待ちに待つ。その間、気を引かれた女も秋波を送る。この熱い視線の遣り取りが色恋の開端を開き、後日、都の消息に通じた先輩の指南もあって、女が長安に名高い倡妓の李娃であることが分かると、男はときめきの成就のために行動を起こす。その家に下宿するとの名目で李娃との好縁をかたじけなくするにいたるも、一年後には二年分の生活費を蕩尽して金の切れ目が縁の切れ目とばかりに棄てられ、挽歌歌者から乞食にまで零落する悲劇のストーリーが幕を開ける。やがて李娃と再会するのも、また門が関わる。降雪の中、唯一左扉が開いていた門口で飢凍を訴える男の声。声の主こそあの人と知って男を救い、科挙及第と立身への内助の功にまつわる終盤の物語に発展する。

このような出会いと再会の仕組みをもつ「李娃伝」に対して、「人面桃花」もまた門の空間が男女の出会いの場として第一に出現する。加えて、翌春に再び訪れたものの女に再会できず、件の「人面桃花」の詩篇を書き残したのがまた出会いの門に他ならない。そして数日後に重ねて訪ねては門口に現れた女の父に難詰されて、かくて女の尸との再会と再生の物語に導いていく。まさに門が有機的に機能する。

そもそもこの「人面桃花」は唐の孟棨の『本事詩』に出典し、宋の『太平広記』には巻二七四「情感」に「崔護」の題で「出『本事詩』」として引載される。「崔護」は次のように語り起こされる。

博陵の崔護は、資質甚だ美なるも、孤潔にして合ふこと寡し。

（博陵崔護、資質甚美、而孤潔寡合。）

博陵の崔護は器量才能すぐれた人物ながら、孤独で潔癖なために意気投合できる友もないとの人となりが紹介される。科挙の進士科を受験しながら合格とはならず、清明の日に独りで長安の都城から南郊を散策して、一畝の広さの屋敷を通りがかる。清明は「掃墓《はかまいり》」の日であると同時に、新緑を楽しむ「踏青」の遊楽の時候でもある。折りから時節の花木が生い茂り、ひっそりと人もいない様子の屋敷に行きいたる。

まさに花木は桃花源にいざなうがごとく、門を叩く崔護に対して、門隙から来意を問う女。一杯の水を所望する崔護を門中に迎え入れて牀を勧めて、自らは独り桃の斜めに伸びた枝柯《えだ》に寄りかかる女は「意属殊に厚し」と崔護に好感を抱いている様子が記され、佇む女の容姿は「妖姿媚態にして、余妍有り」と描かれる。

名高い劉晨・阮肇の異郷訪問さながらの展開であるが、この女に向かって、崔護は「言を以て之に挑む。」と記される。その「以言挑之。」の字句は、漢の武帝の時代、いまだ立身せぬ貧書生の司馬相如が招かれた臨邛の金満家卓王孫の屋敷で、出戻りの卓文君にねらいさだめて得意な琴のメロディーに心をこめるとの史伝の一節に認める「以琴心挑之（琴心を以て之に挑む）。」の文字こそ、(1)表現上の源泉となるか。

自らの言の葉をもって直に思いを通じようとした崔護に、女は「対《こた》へず（不対）」、ただ「目注すること之を久しくす（目注者久之）。」と描かれる。その表記の中に、女の恥じらいが読みとれる。

かくて言葉を交わすことなく辞去する崔護に対して、情にたえざる風情で内に入っていく女。崔護も睠睠たる思いのまま帰路につくのであり、まさに思いを通じ得ぬ二人であった。

翌年の清明の日、春の陽気に誘われて、ふと去年のこの日を思い出した崔護は、感情を抑えられずに真っ直ぐ南郊の屋敷を訪ねる。門と牆壁のようすは変わらないが、かんぬきは閉ざされている。崔護はやむを得ず詩を左扉に書きつけて立ち去る。

去年今日此門中　（去年の今日　此の門の中）
人面桃花相映紅　（人面　桃花　相映じて紅なり）
人面不知何処去　（人面知らず何れの処にか去るを）
桃花依旧笑春風　（桃花旧に依りて春風に笑む）

まさに去年の今日、この門の中で目の当たりにした女の容顔と桃の花の照り映えた光景。その去年の今日と現在の光景との対比的な発想は、大宰府に貶謫された菅原道真が重陽の節句に際会して詠じた「九月十日」詩に、「去年今夜侍清涼（去年の今夜　清涼に侍りき）」と、いまだ都にあって清涼殿に侍御した「去年の今夜」の栄光と、貶謫された大宰府の地での落魄を詠唱した詩篇にもうかがえる。

この崔護の詩では、去年迎えてくれた女の「人面」と目の前の「桃花」とを対比する。閉ざされた門を前にして、あの人はどこへ行ったのか、桃の花が変わることなく春風に笑み咲くばかりであると詠じるのであった。

　年年歳歳花相似　（年年歳歳　花相似たり）
　歳歳年年人不同　（歳歳年年　人同じからず）

この唐の劉廷芝（希夷）の「代悲白頭翁」詩の対句は、「花」と「人」とを対比した詠唱として人口に膾炙する。その対照に同じく、美しき「人面《かんばせ》」の主と馥郁たる庭の「桃花」のコントラストが詩中に描出されるが、その対比がこの詩を読んだ女の心に影をつくる。流れた時間と容顔の移ろい。その切ない胸中は、女の父が話すことばに明らかになる。

数日後、たまたま都城の南に出かけ、その帰路に再び訪ねた崔護は、中から慟哭する声を耳にする。門を叩いて声をかければ、現れた年老いた父が、「君は崔護に非ずや」と問いかける。そうだと答える崔護に向かって、哭しながら「君　吾が娘を殺せり」と告げる父。驚いて立ち尽くす崔護に向かって父は語る。笄年にして学問をしていまだ嫁がぬ娘であったが、昨年来、いつも恍惚《ぼんやり》として失うところあるがごとき様子であった。「笄年」は女がかんざしをつける十五歳をいう。先日いっしょに外出して帰宅した折、左扉に書きつけられた詩の文字を読むや、門を入ると病んで、ついには絶食すること数日にして命はかなくなったというのである。娘が嫁がなかったのは、君子たる男を探し求めて父の身を託するためであったともいう。

不幸にして死んだのは崔護のせいであると大いに哭する父。かくて女の尸との再会と再生の物語に動いていく。崔護も心を打たれて、哭礼をとるべく請えば、儼然として牀《ベッド》に在る女。崔護がその首《あたま》を挙げてその股に枕させ、慟哭して「某　斯に在り、某　斯に在り」と祈れば、しばらくして女は目を開き、半日して蘇生する。父も大いに喜び、娘を崔護に嫁がせたという。

この「人面桃花」の故事は、いわゆる宋代の「説話《シュオホア》」なる話芸の世界で、「小説《シャオシュオ》」と称された読み切り短篇型の題材となって口演されたことも知られる。宋の羅燁の『酔翁談録』巻一「舌耕叙引」「小説開闢」に、その時代の「小説」の演目あるいは話本らしきものを伝録し、その「伝奇」類の中に、「李亜仙」[2]（「李娃伝」）「鶯鶯伝」「章台柳」「卓文君」とともに、「崔護覓水」が認められる。

この「崔護覓水」なる名称は、いわゆる「人面桃花」の題が崔護の詩中の四字に基づくものであるのに対して、話題の開端を開く「水を覓《もと》める」という所為に由来することはいうまでもない。いずれにしてもこの故事は、唐の孟棨の『本事詩』を典拠として知られる。[3]

門を恋のときめきの空間とする話題でもあり、それ以来、翌年まで心にぽっかり穴が空いたがごとき女の様子に加えて、詩を読んだ女の心身の変化とその急逝。そして、再び訪ねた崔護がその体を抱いて行う祝願と女の再生。そのモチーフの中で、「崔　其の首を挙げて、其の股に枕せしめ、哭して祝して曰《い》う「某在斯」の文字は、『論語』「衛霊公」篇に見えることが知られている。すなわち、孔子は、訪ねてきた師（盲目の音楽師）の冕が階段に差しかかると、「階なり」と教え、座席までくると「席なり」と教え、皆が着座すると、「某在斯」（誰それはどこにいる）と一々告げたと伝えている。まさに「師を相《たす》くる道」を説いた一条に他ならないが、崔護の言は、その文字を「幽冥」との境界にある女の魂魄を導き戻す呪文のごときことばに転用したか。その際、むしろ「某」字を自称代名詞に解して「某《それがし》は斯に在り」の意を帯したと思われる。まさに男女の情愛にまつわる呪願に他ならない。しかし、この祝願の行為がこの話に限って認められるものかといえば、そうではないことも明らかである。

三、「買粉児」の男と女

『太平広記』巻二七四「情感」の巻頭話にして「崔護」の直前に配される「買粉児」(「出『幽明録』」)にまた祝願と再生にいたるプロットを認めることができる。

ある金持ちの家の一人息子として溺愛されて育った男は、市《マーケット》に出かけて白粉を商う美しい女に一目惚れする。しかし、思いを伝えるすべもなく、白粉を買いに毎日市に出かけたが、白粉を買うと、そのままことばをかけることもなく立ち去った。だんだんに日数が重なり、ひどく疑った女は、翌日やって来た男に、「あなたは白粉を買って、何にお使いですか」と尋ねれば、息子は「心中慕っていましたが、思いを伝えられませんでした。いつもあなたに逢いたいと思い、白粉を買うことにかこつけて姿を観にきていたのです」と答える。女は感じ入り、とうとう私《ひそか》に逢うことを約束して、翌日の夜と決めた。

その夜、男は部屋で女を待った。夕暮れに果たして女がやって来ると、男はその悦びにたえず、女の腕をにぎると、「ようやく宿願がかないます」と歓び勇躍したまま事切れてしまった。女が恐懼したのも無理はなく、訳も分からず逃げだして、夜明けに店に還りついた。

男女密会の不慮の展開といわざるを得ないが、男の家では、食事になっても起きてこないので、父母が不審がって様子を視にいけば、息子はすでに死んでいた。殯斂《かりもがり》に際して、箧笥《ストッカー》のなかを開けてみると、百余りの白粉の包みが大小とり混ぜて一山になっている。「我が児を殺せしは、必ず此の粉なり」と直感した母親は、市に出かけて白粉を売る店を遍くまわる。この女の店の順番になり、比べてみると、包みの手跡が先のものと同じであった。女を執《と》えて「何ぞ我が児を殺すや」と問いただすと、女は嗚咽して、ありのままに事実を陳べた。父母は信じず、ついに役所に訴え出た。「妾　豈に復た死を惜《お》しまんや」と、一たび尸に臨んで哀を尽さんことを乞いもとめる女に対して、県令はこれを許すと、真っ直ぐに進んで、尸を撫でながら、「不幸にして此を致す。若《も》し死魂にして霊あれば、復た何ぞ恨まんや」と慟哭すると、息子は豁然として生き返った。

かくて息子がその事情を子細に語り、二人は夫婦となって子孫も繁栄したという団円の一話であるが、この話の出典となる『幽明録』は、『世説新語』を撰したことで知られる劉宋の劉義慶の撰になる。この話では、女が急逝した男に向かって尸を撫でながら死魂に哀惜の語を発するのであり、行為者の性別を異にするが、その祈誓の趣旨に異なりはない。時代的に唐代から六朝の劉宋の時代にまで溯る話題になる。

興味深いのは、『太平広記』に明の馮夢龍が編纂の手を加えた『太平広記鈔』の評纂の記述である。この『太平広記』のダイジェスト版とも称すべき『太平広記鈔』は、巻十九「感応」に「買粉児」の題を「売粉児（出『幽明録』）」に変え、これと「崔護（出『本事詩』）」のタイトルを並べて二話を続けて記すとともに、馮夢龍は末尾に、

二事恰好対股文字。（二事は恰好なる対股の文字なり。）

との評語を付す。「二事」はもちろん「売粉児」と「崔護」を指すが、その「恰好対股文字」は何を意味するか。「対股」は、「対」が対の概念を、「股」が枝や釵などの二叉を表すことから、引いては一対なり対偶なりの二つで一組を意味する。すなわち、片や男が女を、片や女が男を、ともに哀哭して霊魂を復する二話一類といった話容を「対股」の語で評したのである。それぞれの話がもつ六朝あるいは唐という時代を超越して、馮夢龍はそれらがもつ話型に着眼し、その好一対の類例として評纂を加えたことが明らかである。

まさに馮夢龍の慧眼による評纂であるが、この二話のみならず、唐代伝奇の代表的な一篇、蔣防の「霍小玉伝」（『太平広記』巻四八七「雑伝記四」所載）にもまた男が女を哀哭する類例を見ることができる。

四、「霍小玉伝」の負心と薄命

大暦十才子の一人に数えられた李益を男主人公とする「霍小玉伝」において、科挙受験のために長安の都に出た李益は、媒酌家業の鮑十一娘の仲介を得て、霍王の娘、小玉と結ばれる。李益がかくて巫山・洛浦のごとき歓愛を尽くした深夜、霍小玉はふと涕を流してじっと見つめていう。

妾本倡家、自知非匹。今以色愛、托其仁賢。但慮一旦色衰、恩移情替、使女蘿無托、秋扇見捐。極歓之際、不覚悲至。

（妾は本より倡家なれば、自ら匹に非ざるを知る。今 色を以て愛せられ、其の仁賢に托す。但だ慮るは一旦色衰へなば、恩移り情替はり、女蘿をして托する無く、秋扇をして捐てられしめんことを。極歓の際、覚えず悲しみ至る。）

「女蘿」とは蔓草の名で、「女蘿無托」はその蔓草が寄る辺を失うことをいう。つづく「秋扇見捐」は秋となって不用となった扇が捨てられることをいう。先取りしていえば、霍小玉の生きざまを象徴するのが、まさに「秋扇」の二字であるといってもよい。しかし、無闇に寄る辺を失って捨てられるのではない。その前提となるのが「一旦色衰、恩移情替」の字句である。すなわち小玉の容色が衰え、その結果として李益の情愛が移り離れてしまうことを傷んでいるのである。「捐」は漢の班婕妤が自らの身の上を「扇」になぞらえて詠じた「怨歌行」の詩篇にいう「棄捐」の語（164頁参照）に由来することはいうまでもない。もとより「女蘿」も「秋扇」も、霍小玉の身の行く末をたとえていうものであることは明白である。

それとともに、老若を問わず日一日とのびよる肉体的な衰老は如何ともなし難いものである。「秋扇」にいう

「秋」とは、涼風が炎熱を奪いさる時節であるばかりでなく、副次的には時節の推移にともなう年齢の進行、肉体的な衰老をも内包する。それは人生の秋を意味するものでもある。「秋扇」の語義的世界は含蓄に富み、か細い声でこうささやかれた李益は、何としても粉骨砕身して相捨てざることを素縑に記して約束する。小玉の口から出た「女蘿」「秋扇」の語は、わが行く末を危惧して男の人情に訴えるに効果絶大であったことは確かである。

しかし、二年後の春、書判の任用試験に及第した李益は、四月に鄭県の主簿に赴任し、八月には迎えを寄越すと小玉に約束しながら違え、親の決めた盧氏との縁談を断れずに婚儀を整える。この間、連絡の無いまま、小玉は李益の薄情を恨んで病床について生活もままならず、かつて小玉が口にした「秋扇」のはかない身の上が現実のものになる。

約束に背いて負い目を感じる李益は、婚礼のために上京しても小玉に知られまいと避けて過ごす。しかし、小玉の薄幸を不憫がる豪侠の人士の機転によって、李益は図らずも小玉と再会する。病床から立ちあがった小玉は、横目で李益を睨み、酒を注ぎながらいう。

我為女子、薄命如斯。君是丈夫、負心若此。韶顔稚歯、飲恨而終。慈母在堂、不能供養。綺羅弦管、従此永休。徴痛黄泉、皆君所致。李君李君、今当永訣。我死之後、必為厲鬼、使君妻妾、終日不安。

（我 女子と為り、薄命 斯くの如し。君は是れ丈夫なるも、心に負《そむ》くこと此くの若し。韶顔稚歯、恨みを飲みて終はる。慈母 堂に在るも、供養する能はず。綺羅弦管、此れ従《よ》り永く休《や》まん。痛みを黄泉に徴せんは、皆君の致す所なり。李君 李君、今当に永く訣《わか》るべし。我死するの後、必ず厲鬼と為りて、君の妻妾をして、終日安からざらしめん。）

李益の「負心」と小玉の「薄命」。その因果によって、母への孝養もつくしえぬまま恨みを飲んで死んでは「厲鬼」となるとの小玉のことばは、李益への怨念に満ちた呪文といってもいい。小玉はそのことばを吐きすてると、左手を伸ばして李益の腕を握り、盃を地面に擲って長慟号哭すること数声にして息絶えたのであった。

注目したいのは、小玉の母が屍を李益の懐に置いてその名を喚ばせる一節である。

母乃挙屍、置於生懐、令喚之。遂不復蘇。

（母乃ち屍を挙げて、生の懐に置き、之を喚ばしむ。遂に復た蘇らず。）

「喚」は、よぶ、さけぶ。声をかけて呼びまねくことを表す。しかるに、小玉は蘇ることはなかったと記している。「秋扇」の身となった霍小玉の末路は薄命そのもので、怨恨に充ち満ちていたといえる。「厲鬼」と化した小玉のなせる報いは、李益をして妻に猜疑ならしめて三たび娶るも妬嫉は改まらなかったと伝える。その妬嫉を揶揄した「李益疾」の醜名こそ、夭歿した小玉が末代に残し得た遺恨の表れといえようか。

「秋扇」の末路としても悲惨極まりない話であり、その悲惨さは男の懐に屍を置かれて名を喚ばれながら蘇生することと無き末期に象徴される。この「霍小玉伝」は馮夢龍の『太平広記鈔』において最終第八十巻「雑志」の大尾を飾る一篇に移置されている事実がある。そこに馮夢龍の眼が大いに働いているが、その部分に評語の類は無いことを付記する。

五、習俗儀礼と情愛

以上を総じていえば、若い男女の恋愛をめぐる話題のなかにあって、その情愛に由来して男女の一方が死にいたる話容をもつものは一篇ならず存在する。そこに共通して認められる、残された一方が哀哭して屍に呼びかける行為は、息を吹きかえすかどうかを問わず、まさに死者の魂魄を呼びもどすための「復」の習俗が根底にあろうことはいうまでもない。いわゆる「復」の儀礼については、『礼記』「礼運」篇に、

及其死也、升屋而号、告曰、「皋、某復。」然後飯腥而苴孰。

（其の死するに及びてや、屋に升りて号《さけ》び、告げて曰く、「皋《ああ》、某復《かへ》れ」と。然る後に腥を飯せしめて而して孰を苴《つつ》む。）

と記す。「某復」はその死者を呼びもどす「招魂」の行為に他ならず、「某《だれそれ》」よ、あの世に逝くことなく戻りきたれ、と呪願するのである。それは屋根に昇って号ぶというが、日本においては魂魄が「黄泉の国」に帰していくとの考えから、地中に深く掘りぬかれる井戸に向かって大声で行くなと呼ばわることも知られる。これもまた同じ趣旨にある。(4)「復」に関しては同じく『礼記』「喪大記」に、

復衣不以衣尸、不以斂。婦人復、不以袡。凡復、男子称名、婦人称字。唯哭先復。復而後行死事。

（復衣は以て尸に衣《き》せず、以て斂せず。婦人の復には、袡を以てせず。凡そ復するには、男子は名を称し、婦人は字を称す。唯だ哭は復に先だつ。復して後に死事を行ふ。）

婦人のばあいは「字」を、男子のばあいは「名」を呼称し、その後に死事を執り行うという。「袡」は、婦人が嫁いだときの上衣。「人面桃花」には「某在斯」、「買粉児」には「若死魂而霊、復何恨哉」との語が、また「霍小玉伝」には「令喚之」の語が見えたが、呼びかけには相手を特定する名や字が用いられたのであろう。さらに『礼記』「問喪」篇には、斂葬に関しての次の記載がある。

三日而斂。在牀曰尸。在棺曰柩。

（三日にして斂す。牀に在るを尸と曰ふ。棺に在るを柩と曰ふ。）

その「三日而斂」に関しては、同じく「問喪」篇に「死三日而後斂（死すること三日にして後に斂す）」の意味を解して、三日哭してその生きかえることを俟つのであり、三日にして生きかえらなければもう生きかえることはないと思い定めることが記される。(5)

教科書教材に立ち返ってみると、「人面桃花」において崔護が生前のままの姿で横たわる女に哀哭して「祝」したのは、一見すれば崔護に限って行われたドラマチックな行動のごとくに映る。ただそれは、いわゆる「哭」や「復」の習俗儀礼のなかに息づく行為でもある。仮に若い男あるいは女の非命という特異な環境のなかで行われたとしても、その屍を抱いて行われる行為自体は習俗として一般的な枠組みの範疇にあり、複数の事例のなかにあると考えてよい。プロットに対する理解をする上で、この行為自体がもつ習俗儀礼的な意味を認識することは、異土の文学を学習する上で欠くべからざるものである。その習俗儀礼のなかに発揮されるその深い情愛こそ肝要であろうが、それをいわゆる「志怪」の「怪」や「伝奇」の「奇」に偏して一方的に理解や解釈を試みることは、ある意味では、ストーリーの本質を見失いかねない危険な一面をもつことになる。

啓蟄一候に咲く桃花は、爛漫の春をことほぎ、桃花源の異郷へのいざないを彷彿させる。劉備・関羽・趙飛三兄弟の桃園結義の舞台を彩り、また若い女性を象徴して『詩経』「桃夭」に華・実・葉を詠唱して婚姻と多産による繁栄を象徴的に唱う。かつ度朔山に生える桃樹の北東方の鬼門にまします神荼・鬱塁（律）や西王母ゆかりの不老長生の果実（蟠桃）の相承もあり、その呪的な意味も含めて桃は多様な属性を秘めもつところである。その花と人とが対比されるとともに、「人面桃花」の故事は男女の恋愛とその死をめぐる習俗儀礼のなかに活きている。指導書の解説や注釈の類を検討しても、この観点に立ったコメント等は十分には行き届いていないようである。ここに敢えて同じ話素を有する複数の話を示し、かつそこに共通するプロットに着眼した考察を試みた所以である。

注

（1）「以琴心挑之。」の字句は、『史記』巻一一七「司馬相如列伝」ならびに『漢書』巻五十七上「司馬相如伝」にある。

（2）『酔翁談録』癸集巻一「不負心類」には「李亜仙不負鄭元和」のテキストを収録し、「亜仙」を長安の娼女李娃の

「字」とし、その男主人公は「滎陽の鄭生」、字は「元和」とする。二人の字はこうした「小説」なる話芸の世界に生じたものらしい。また、日本においても、室町時代に『李娃物語』に翻案されていることを付記する。

（3）そのテキストは、北宋の『太平広記』巻二七四「情感」篇に「崔護」の題で「出『本事詩』」として収載され、また、南宋の皇都風月主人の『緑窗新話』巻上にも「崔護覓水逢女子」の題で「出『本事詩』」として引載されている。

（4）いわゆる「魂よばい」「魂よび」と呼ばれる死生の精神風土に関わる習俗である。

（5）『礼記』「問喪」篇に、「孝子親死、悲哀志懣。故匍匐而哭之、若将復生然。安可得奪而斂之也。（孝子は親死すれば、悲哀して志懣《もだ》ゆ。故に匍匐して之を哭し、将に復た生きんとするが若《ごと》く然《しか》す。安くんぞ奪って之を斂するを得べけんや。）」と記して、さらにその故に「三日而後斂者、以俟其生也。三日而不生、亦不生矣。（三日にして後に斂するは、以て其の生きんことを俟つなり。三日にして生きざれば、亦た生きず。）」という。

第五章　中島敦『山月記』と中国小説

戦後の高等学校国語科教科書の教材として『山月記』が昭和二十六年（一九五一）に採用され、しかも安定教材・定番教材といわれる現今の教材環境が現出して久しいことは、夭折の作家中島敦にとって僥倖ともいえる。また、この小説の典拠となった「人虎伝」を古典漢文の教材として採用する教科書もある。『山月記』ならびに「人虎伝」をめぐって、比較文学の視点を交えて教材研究的な考察を試みたい。

一、唐代伝奇小説のテキスト

発狂して虎となった李徴をめぐる唐代伝奇小説のテキストには、内容の異同により二つの系統のものが伝存する。一つは、『太平広記』（巻四二七「虎」二）に「李徴」の題で『宣室志』（張読の撰）を出典として収載されるものであり、これはさらに明の馮夢龍が編訂した『太平広記鈔』巻七十二「妖怪部」「妖怪一（此巻皆人妖）」にも出典を記さずに抄録される。もう一つは、明の陸楫編『古今説海』「説淵部」・清の陳世熙編『唐人説薈』（『唐代叢書』）所収のもので、ともに「人虎伝」と題され、『唐人説薈』には作者として李景亮の名が記される。この二系統のテキストは、タイトルの違いのみならず、内容的にも異同がある。その最たるものは、李徴が即興詩（七言律詩）を詠作する一節の有無にある。「人虎伝」にはこれが備わり、「李徴」にはこれが無い。この詩作のストーリーが備わる『山月記』は「人虎伝」のテキストに依拠することが通説となっている。

二系統のテキストは、前者「李徴」の出典となる『宣室志』を撰した張読、並びに後者『唐人説薈』が「人虎伝」の撰者として記す李景亮はいずれも唐時代の人であることから、李徴の虎への変身をめぐる話は少なくとも唐代に成立していたものと推測される。加えて「人虎伝」の名称は、南宋の羅燁の『酔翁談録』巻一「舌耕叙引」「小説開闢」に見える「霊怪」類の「小説《シャオシュオ》」のなかに認められる。この記載によれば、「人虎伝」は名称的にも由来が古いもので、しかも宋代流行の「説話《シュオホア》」（講談）の空間で、「小説」と称される読み切り短篇型の講談として語られたことも明らかに知られる。読書階層を越えて大衆社会への作品の流布と受容の歴史をもつ事実はこの小説の沿革として重要である。

二、六朝志怪と「異」字の時空

唐代伝奇小説の前身ともいえる六朝時代の「志怪」小説は、まさに「怪を志《しる》す」と呼称されるように、怪異なできごとや超自然現象などを単純素朴に記録する性格のものが多い。もちろん人間が虎と化す話の数も少なくなく、『太平御覧』巻八八八には『斉諧記』（劉宋の東陽无疑撰）を引いた江夏郡安陸県の薛道恂の一話を収載する。

太元元年（三七六）、薛道恂は年二十二歳で聡明の質であったが、流行病《はやり》が治ると発狂し、手を尽くすも治癒せず、散薬を服用してひどく狂走し、失踪して虎となり数知れない人を食ったという。興味深いのは、桑を採っていた女を食らう場面である。

有一女子樹下採桑。虎往取之食。食竟、乃蔵其釵釧、著山石門。後還作人、皆知取之。（一女子の樹下に桑を採る有り。虎往きて之を取りて食らふ。食らふこと竟《をは》りて、乃ち其の釵・釧《うでわ》を蔵《かく》して、山の石門に著く。後還《ま》た人と作《な》り、皆知りて之を取る。）

女の釵や釧を隠し、また人に戻っても記憶していてこれを取ったという部分は、ある日、山下を通りがかった婦人を食って殊に甘美を覚えた李徴が、その初めての食味に加えて、

今其首飾猶在巖石之下也。（今　其の首飾　猶ほ巖石の下に在るなり。）

と語り明かす「人虎伝」の記載を想起させる。『斉諧記』の釵・釧とは異なるものの、李徴自らが語る女の首飾への言及は、歯牙にかけた人間の性別の一致とともに相似する話素として重要な意味をもつ。この点において、『斉諧記』の話は「人虎伝」の源泉的あるいは祖型的な意味を持つようにも推測されるが、その後には、一年を経て家に帰り人となった薛道恂が、都へ出て仕官して殿中令吏となったとの後日譚を展開する。ある夜、天地の変怪の話題に話し及んで、かつて病を得て発狂し、虎となって一年のあいだ人を食っていたと打ち明けた薛道恂は、座中に父子兄弟を食われた者がいたため、役所に引き渡されて建康の獄中で餓死したという。

志怪小説の場合、虎への変身の話の多くが再び虎から人間に戻り、虎であったころの体験を語る、あるいは目撃者の前で人間から虎に変わるといった展開をもつ。薛道恂の話もその例外ではないが、唐代伝奇小説としての「人虎伝」あるいは「李徴」が、李徴の失踪と袁傪の虎との遭遇にはじまり、虎に化した李徴自身と旧友袁傪との語らいのなかで展開するのは従来に無い特異なものである。その間、「人虎伝」あるいは「李徴」がやはり虎への変身という「異」をより意識的に敷衍することは、そのテキストに多出する「異」字からも容易に推測される。「異」字は「人虎伝」においては十三例（「李徴」には八例あり、七例が共通する）の多きにいたる。いま、その「異」字を検討したい。

「異」字が最初に現れるのは、朝まだきに袁傪を襲った虎が草中に隠れる場面である。

① 人声而言曰、異乎哉。幾傷我故人也。（人声にして言ひて曰く、異なるかな。幾ど我が故人を傷つけんとするなりと。） 「李徴」1

虎の発した「人の声」に注目したい。その開口一番の「異なるかな」こそ、第一の「異」字である。「異」には予期せぬ、不思議な出来事の出来に対する驚きが汲みとれる。

② 忽聞其語、既驚且異、而莫測焉。（忽ち其の語を聞き、既に驚き且つ異《あやし》んで、測る莫し。） 「李徴」2

草中から漏れた人の声を聞きつけた袁傪もまた驚きと不思議な思いに駆られる。虎と袁傪は「異」字を介して一対の関係となる。

③ 虎曰、吾已為異獣。……（虎曰く、吾已に異獣と為る。……） 「李徴」無

虎は、袁傪に現在の偽らざる姿を「異獣」の二字で説き明かす。

④ 聖明慎択、尤異於人。（聖明慎んで択び、尤も人に異なる。） 「李徴」3

虎が、袁傪の栄達ならびにその「人に異なる」天子の覚えを褒めそやす一節である。これに対する袁傪にとって、李徴はいかなる存在であったか。

⑤ 交契深密、異於常友。（交契深密なること、常友に異なれり。） 「李徴」4

袁傪は、往時の「常友に異な」る深密なる交友を自ら語る。これが第五の「異」字で、その「異於」の表記は第四のそれと一対となる。

⑥ 則有毛生焉。心甚異之。（則ち毛の生ずる有り。心甚だ之を異とす。） 「李徴」無

「心甚だ之を異とす」とは、虎が今の人ならざる身の上を明かすなかで、獣毛を生ずる現実を視認したときの感慨を述べたものである。これが第六の「異」字であり、「人虎伝」では水鏡による視認の行動に展開する（後述）。

⑦　一旦化為異獣、有醜於人。（一旦化して異獣と為り、人に醜《は》づる有り。）　「李徴」 5

「人虎伝」では女を、「李徴」では腯然《ふと》った人を食った行為を神祇に背くものという。「異獣」の語をもって自らの変身と人を食うという恥ずべき行為を口にする。

⑧　傪且問曰、君今既為異類、何尚能人言耶。（傪且つ問ひて曰く、君今既に異類と為る、何ぞ尚ほ能く人言するやと。）　「李徴」 6

対する袁傪は、「異獣」の語は用いることなく、獣性の軽減された「異類」の語をもってその変身をいい、なおも人のことばを話す理由を問う。この「異類」が第八の「異」字となる。

⑨　虎曰、食吾故人之俊乗、何異傷吾故人乎。……（虎曰く、吾が故人の俊乗を食らふは、何ぞ吾が故人を傷つくるに異ならんや。……）　「李徴」 7

人を襲う窮状を察する袁傪に対して、虎は「故人の俊乗」を食う行為が「故人」を傷つけるのに「異」ならざる道理を説いてみせる。これが第九の「異」字である。

⑩　吾妻孥尚在虢略、豈知我化為異類乎。（吾が妻孥尚ほ虢略に在り、豈に我の化して異類と為るを知らんや。）　「李徴」 無

李徴は、虢略に暮らす家族がいまだ「異類」と化した身の上を知らないことを説く。

⑪・⑫　蓋欲表吾外雖異而中無所異。（蓋し吾が外 異なると雖も中 異なる所無きを表はさんと欲す。）　「李徴」 無・無

虎は、詩篇の筆録のみならず、即興の詩篇を詠唱するにあたって自分という存在を「外」と「中」の面から「異」字を使って巧みに表現する。第十一・第十二の「異」字である。

⑬　我為異物蓬茅下（我 異物と為る蓬茅の下）　「李徴」 無

詩の筆録のあとに即興で詠作された詩篇の頷聯上句にまた「異物」となった我が身の上を詠じ、下句の「乗軺」の身分となった「君」（袁傪）の生きざまと対比している。

「異物」が第十三番目の「異」字となる。「人虎伝」や「李徴」の作中に「異」字が大いに機能していることは疑いないが、重要なことは「異」を機軸としながら単に「異」の叙述に終始してはいない点である。いわゆる史伝のスタイルで筆が起こされ、虎への変身という「異」の世界に導き、朝まだきに襲いかかった旧友袁傪との再会により、二人の旧交に基づくストーリーが展開する。その「異」に由来して生起する李徴の詩人あるいは家庭人としての心の相克が深長な意味をもつ。家族の庇護の依託、詩篇の筆録に関わる遣り取りに二人の友情が底流し、その情誼にそむかぬ袁傪の援助の行動をもって作品は終結する。その交友の軌跡に志怪とは異なる小説としての生命が宿っている。

三、友情と「人虎伝」のタイトル

「人虎伝」あるいは「李徴」に底流する友情の理解に一つの興味深い視点を与えてくれるのが、松浦友久「古典の魅力—現代からの視点」である。(1) 中国の古典詩歌には男性間の「友情」に関わる作品が多いとの、比較文学的観点を含めた詩的特徴の指摘に加えて、「漢詩」の世界では、なぜ友情が強調されるのかを問いかける。

それは、中国の三千年を超える変転極まりない王朝交替の歴史の中で、知識人がより安定した生涯を全うするためには、血族・同族に依拠した先天的・生理的な相互扶助のシステムだけでなく、友人・知人に依拠した後天的・社会的な相互扶助のシステムがきわめて重要だったからである。一般に、〝友情〟の持続には、——それが血縁性に依存できないだけに——人為的な意欲や努力がいっそう不可欠である。まさにそのゆえに、

〝変わらざる友情〟の存在は、厚い信義の象徴として、極めて高く評価されてきたのである。言い換えれば、詩歌における友情の強調は、個人的な叙情の増幅としてだけでなく、社会的な美徳の増幅としても、機能していたのだと理解されよう。

李徴が家族の庇護を依託するのもその中国的な友情に息づくもので、それに対する袁傪の偽りなき行動は、虎への変身の事実を李徴の家族に明かしはしたものの、本質的に信義に背くものではない。そこに袁傪の「社会的な美徳」を顕彰する意図も見え、「人虎伝」あるいは「李徴」は、ある意味では袁傪の善行の伝録のごとき風貌さえもつ。

その作中の「友情」を思えば、「人虎伝」なるタイトルはどのような意味に解せようか。「人虎伝」が一般的に虎に変身した人物の物語のように解されていることからすれば、「人虎」は、虎に姿を変えた、もしくは虎が憑依した人の意を表すものと理解できる。ただ同様の文字構成から成る漢語を検討してみると、「人馬」は人と馬、「人鳥」は人と鳥を意味し、また「人豕《し》」「人彘《てい》」は、ブタのような姿に化した人（漢の高祖の寵姫戚夫人が呂后によって手足を切られ目をえぐられて厠所に捨て置かれたという史伝の記載による）、「人魚」はサンショウウオ、あるいは上半身が女人で下半身が魚で、その肉を食らえば不老不死になる海の霊獣をいう。こうした語義の大枠を視野に入れるとき、「人虎伝」は人たる袁傪と虎となった李徴との対話がストーリーを機能し、「人」と「異獣」「異類」「異物」たる「虎」との鮮明なコントラストが作品を紡ぎだしている。この特性に鑑みれば、タイトルの「人虎」はまた「人馬」「人鳥」のように、人と虎という二つの存在を象徴的に対置しているとの理解が可能である。まさしく袁傪なる「人」と李徴なる「虎」との「伝」、引いてはその語らいによる「伝」としての意味がタイトルに読みとれまいか。その語らいの世界こそ、より濃密な人物形象化の方法によって『山月記』に再生されていく。

四、「人虎伝」の「月」字

そもそも「人虎伝」には、李徴が即興詩中に詠じる「明月」を除けば、ムーンとしての「月」は全く描かれない事実がある。「人虎伝」の作中に出現する都合四つの「月」を検証してみる。

A　家僮跡其去而伺之。尽月而徴竟回。（家僮其の去《ゆ》くところを跡《たづ》ねて之を伺ふ。月を尽くせども徴見《げん》に回《かへ》らず。）

第一の「月」は、汝墳の逆旅で発狂した李徴の失踪を記した部分に現れる。失踪後「月を尽く」すも戻ることのなかった李徴。その「月」が一カ月という時間を表すことはいうまでもない。

かくて虎と化した李徴は袁傪と不意に再会する。第二の「月」は、その歓談の最中、異類となりながらなお人言することを袁傪に問われた李徴の返答のなかにある。

B　虎曰、「我今形変而心悟耳。自居此地、不知歳月多少。但見草木栄枯耳。…」（虎曰はく、「我今形変じて心悟るのみ。此の地に居りてより、歳月の多少を知らず。但だ草木の栄枯するを見るのみ。…」と。）

虎たる李徴の語中の「歳月」は、月日の意味となる。

やがて旧詩の筆録後に、李徴はいまの思いを即興の詩篇（七言律詩）に述べる。第三の「月」は、その尾聯に現れる。

C　此夕渓山対明月（此の夕《ゆふべ》　渓山　明月に対す）
不成長嘯但成嘷（長嘯を成さずして但だ嘷を成す）

「明月」は、天に懸かるムーンそのものである。詩篇は、外形は変われど心は変わらないことの証に詠まれ、「吾が懐を道《い》い「吾が憤りを攄《の》べ」んとしたものであった。

D　後、回自南中、乃取他道、不復由此。遣使持書及賻賵之礼、訃於徵子。月余徵子自虢略入京、詣傪、求先人之棺。（後、南中より回るに、乃ち他道を取りて、復た此に由らず。使ひを遣し書及び賻賵の礼を持ち、徵が子に訃せしむ。月余にして徵が子　虢略より京に入り、傪に詣《いた》りて、先人の棺を求む。）

第四の「月」は、帰京した袁傪が李徵の家族に訃報を知らせ、李徵の子が来京する部分にある。「月余」は一月余りの意味で、これが「人虎伝」の最後の「月」である。

「人虎伝」における四つの「月」は、第三のムーンとしての「明月」を除けば、いずれも歳月や時間を意味する語に他ならず、「山月」の語も「人虎伝」の作中には認められないことが確認できる。では、この「人虎伝」に依る『山月記』には、どのような「月」が出現するか。

五、『山月記』の「月」

残月の光をたよりに林中の草地を通っていった時、果して一匹の猛虎が叢の中から躍り出た。

第一に、早立ちをした袁傪が猛虎と遭遇する場面である。「残月」は明け方近くの月、夜明けの空に消え入りそうな月、有明の月である。この「残月」を最初として、偶然再会を果たした袁傪との語らい、李徴の詠じた「旧詩」の筆録に続いて、李徴が「今の懐」を即興で詠じてみせた七言律詩の「此夕渓山対明月」に現れる「明月」が、『山月記』中の第二の月となる。「明月」は、その透明な光で、闇をあまねくしっとりと洗うがごとくに照らし注ぐ。もちろん詩篇は「人虎伝」中のものであったが、『山月記』はこの詩を「今の懐」として詠出するや、再び「残月」をとらえたナレーションが向けられる。

時に、残月、光冷やかに、白露は地に滋く、樹間を渡る冷風は既に暁の近きを告げてゐた。人々は最早、事の奇異を忘れ、粛然として、この詩人の薄倖を嘆じた。

「残月」が「光冷やかに」、あるいは「冷風は暁の近き」と時間的な推移を示して描かれると同時に、ナレーションは「李徴の声は再び続ける。」と転じる。その声は、「何故こんな運命になつたか判らぬと、先刻は言つたが、しかし、考えように依れば、思い当たることが全然ないでもない。」に始まる、『山月記』の「記」たる所以と位置づけ得る自己分析の言動を展開する。「まして、日毎に虎に近づいて行く。」なかで、「どうすればいいのだ。己の空費された過去は？　己は堪らなくなる。」と告白する李徴は、「そういう時、己は、向うの山の頂の巌に上り、空谷に向つて吼える。この胸を灼く悲しみを誰かに訴えたいのだ。」と内なる衝動を伝える。

　己は昨夕も、彼処で月に向かつて咆えた。誰かにこの苦しみが分つて貰へないかと。この咆哮が向けられた対象としての「月」が、第四の月であるが、しかし、獣どもは己の声を聞いて、唯、懼れ、ひれ伏すばかり。山も樹も月も露も、一匹の虎が怒り狂つて、哮《たけ》つてゐるとしか考へない。

との言動に、「己の声」を一匹の虎の咆哮としか考えない物体としての「月」が現れる。これが第五の月であり、かくて「酔はねばならぬ時が、（虎に還らねばならぬ時が）近づいたから、」と虎への変身を自覚するなか、妻子が飢凍に苦しむことが無きよう哀惨に託し、自嘲的な口調に戻った李徴が最後に今の姿を披露してみせる場面にまた月が描かれる。

　一行が丘の上についた時、彼等は、言はれた通りに振返つて、先程の林間の草地を眺めた。忽ち、一匹の虎が草の茂みから道の上に躍り出たのを彼等は見た。虎は、既に白く光を失つた月を仰いで、二声三声咆哮したかと思ふと、又、元の叢に躍り入つて、再びその姿を見なかつた。

このエピローグにおいて「月」はすでに「残月」から「既に白く光を失つた月」に変じ、朝まだきの薄明の時間を告げている。これが第六の月であり、作中の最後の月となった。

『山月記』の「月」はいずれもムーンとして要所に現れて作中の場面を機能する。一つに「残月」は夜と朝とが交錯する境界の時間帯のものに他ならず、虎の襲撃と語らいの不思議な空間を機能し、また一つに「此夕渓山対明月」の詩句は作中に無い「山月」の景趣に連なり、その「明月」が「鏡」となって李徴の思いを照らし出している。

六、「月」と「鏡」と「水鏡」

「山月」といえば、日本の漢詩の学習環境から一つに想起されるのが、『唐詩選』にも収載されて人口に膾炙する盛唐の李白の「静夜思」（五言絶句）である。

牀前看月光　（牀前　月光を看る）
疑是地上霜　（疑ふらくは是れ地上の霜かと）
挙頭望山月　（頭を挙げて山月を望み）
低頭思故郷　（頭を低《た》れて故郷を思ふ）

霜のごとき月の光に誘われて、ふと頭をもたげて「山月」（山の端の月、山にかかった月）をうち眺めれば、思わず頭を垂れて故郷を思わざるを得ない、と対句で唱う。興膳宏は「月明の中の李白」において、(2)「『山月』と『故郷』との関係が、これ以上明白な表現はない対句によって指示されている。」と評したが、この遠地にある人と自分とを繋ぐ「月」は、中唐の白居易の「八月十五日夜、禁中独直、対月憶元九」にも認められる。

三五夜中新月色　（三五夜中　新月の色）

二千里外故人心　（二千里外　故人の心）

中秋の名月という特別な月を待ちかね眺めやるのは、遙か遠く離れた土地に在る元稹を白居易自身がいる長安の都から遠く思いやればこそである（七言律詩、頷聯）。卑湿の上に秋は曇りの日が多い江陵の風土を詠じて結ぶ詩篇は、まさに友情に満ちている。日本の古典中の古典と称される『源氏物語』の「須磨」巻で、須磨にわびずまいする光源氏は、秋風の吹く折柄、華やかにさし出た八月十五夜の月に、殿上での管弦の遊びを恋しく思い起こし、この「二千里の外　故人の心」の詩句を吟誦する一方、入道の宮（藤壺）が「霧やへだつる」と詠んだあの夜を思い起こして涙し、同時にあの夜、近しく昔話をされた帝（朱雀帝）の姿が故院（桐壺院）に似ていたことをも思い出し、菅原道真が貶謫の大宰府の地で詠じた「九月十日」詩の、

恩賜の御衣は今こゝにあり（恩賜御衣今在此）

の詩句を吟誦する。源氏は須磨の地で白居易と道真が詠じた謫居の感懐を追体験している。日中双方の古典の受容の極みともいうべき一段で、古典のありようを学習するのに格好な章段でもある。

そしてまた、月を見る行為と望郷の念を抱く相関性は、杜甫が妻子を懐かしんで詠んだ「月夜」（七言律詩、首聯）にも端的にうかがえる。

今夜鄜州月（今夜　鄜《ふ》州の月）

閨中只独看（閨中　只だ独り看るならん）

長安の都に身を置く杜甫は、遠く離れて鄜州の地（陝西省富県）に暮らす妻子の身の上を案じる。杜甫は長安を照らす月を看つつ、鄜州で妻が独りで同じ月を看ている光景を想起し、将来における無事の再会に思いを馳せる。月は人を想うよすがであり、眺める両者の心を繋ぐとの心象の回路は重要である。(3) 同時に、「満月」の丸い形状は、「団円」「団欒」の意味を内在する。中秋の名月に「月餅」を食する習俗も、家族の団欒や団円を象徴する。そ

の丸い形状は、いわゆる銅鏡の形状に通じるもので、満月の比喩に「鏡」の用いられることも知られる。李白「把酒問月」の第五句「皎如飛鏡臨丹闕（皎として飛鏡の丹闕に臨むが如し）」の「飛鏡」は月そのものであり、映し、照らしだす機能をもつ。また『玉台新詠』巻十所収の「古絶句」と題する謎語詩の第四句「破鏡飛上天（破鏡飛びて天に上る）」は、その形状から上弦あるいは下弦の半月を表す。

以上のような月をめぐる文学的な属性を考えあわせた時、とりわけ離別の人や昔の人をしのぶ素材としての「月」は重要なテーマを備え、「鏡」の機能をあわせもつが、ひるがえって李徴は虎への変身の事実をいかにして知覚したか。

及視其肱髀則有毛生焉。心甚異之。既而臨渓照影、已成虎矣。（其の肱髀を視るに及べば則ち毛の生ぜる有り。心甚だ之を異しむ。既にして渓に臨みて影を照らせば、已に虎と成れり。）

「人虎伝」において、李徴はわが眼で体毛の異常を見て「水鏡」による全身の視認の方法によって展開し[4]、これは中島敦の『山月記』にも受け継がれる。

気が付くと、手先と肱のあたりに毛を生じているらしい。少し明るくなつてから、谷川に臨んで姿を映して見ると、既に虎となつていた。自分は初め眼を信じなかつた。

まさに「水鏡」で自らの眼を通して獣毛を生ずる現実を認識するのを起点として展開するのであり、その獣性は、水面に映った犬の姿を見て、その肉欲しさにワンと吠えた犬のそれとは明らかに異なる。この「水鏡」による自己認識の方法は、作中の「月」がその「鏡」としての機能を引き継いでストーリーを展開するといってよい。

七、月への咆哮

『山月記』のストーリーは、人間が虎に姿を変えるという怪異によりつつ、虎に変わりいく李徴の心の航跡とその苦衷を追跡する。その異類に変じてしまった李徴の苦衷は自詠の即興詩[5]にうかがえる。その尾聯には、「此の夕」に渓山が明月に対するなかで虎として嗥える身の上を詠じる。「長嘯」は、口をすぼめて声を長く引くこと、引いては詩歌を朗吟する、詩歌を詠作する意味にもなる。「嘯」は、本来、唇・舌・歯などの口喉器官を用いて、腹腔から呼気を押し出して音曲をなす口技をいった[6]。あるいは、虎が長く呼気を引いて唸ることを「虎嘯」といい、「虎嘯風生（虎嘯《うそぶ》きて風生ず）」は、英傑が時機を得て勇躍することを意味する。「嗥（嘷）」は、獣がほえる意。長く声を引いて吟ずることもできず、引いては詩人としても成就し得ない境遇を詠じている。かつ、「残月、光冷やかに」という第三の月が出現したあとにも、「己は昨夕も、彼処で月に向かって咆えた。」と自らの行動を語る。ここに出現した「昨夕」と先の「此夕」とに共通する「夕」字は、三日月を描いた象形文字で、「よる」が本義となり、「此夕」が今夜、「昨夕」が昨日の夜を意味する。しかるに、『山月記』の作中にあっては、もはや翌朝の到来を自覚する時間の中で発せられた「昨夕」は、詩中に詠まれる「此夕」と同様の時間を指すと解し得る。「彼処で月に向かって咆えた。」とは、詩句にある「渓山　明月に対す」るなかで「嗥を成す」という行為をいったのに他なるまい。

その咆哮は、渓山を照らす明月に対し、その明るい光に洗い出されての内なる衝動の発露にほかならず、明月に鏡の機能を補いみれば、皎々と照らす鏡としての月を介しての自己観照による衝動とも解し得る。『山月記』はその自己観照と自己分析とを通じて、その性情のなかに虎なる「猛獣」を飼いふとらせることとなった次第を自ら語り明かすとともに、その旧作の詩篇を袁傪に託する願望を果たし得た一方で、「だが、お別れする前にもう一つ頼みがある。それは我が妻子のことだ。」と切り出し、最後には慟哭の声とともに、「本当は、先づ、此の事の方を先にお願ひすべきだつたのだ、己が人間だつたなら。」と人間としての己の身を見つめ、「飢ゑ凍えようとする妻子のことよりも、己《おのれ》の乏しい詩業の方を気にかけてゐる様な男だから、こんな獣に身を堕《おと》すのだ。」と内省する。ここに妻子の生活への援助を願わずにおれない李徴が、最後にはいる。その思いは、「此の夕　渓山　明月に対す」るなかで、明月そのものを眺め、明月に触発されて故人《ふるなじみ》を、家族を、故郷を懐かしく思い起こしつつ、今はかなわぬ再度の団円を願うよりほかの何ものでもない。そこに、明月が家人を思うよすがとなる中国古典詩歌の発想が底流することは言うまでもない。

実は、この袁傪に対する家族への援助の依託は、「人虎伝」では、旧詩の筆録を頼むのよりも前に、まず第一に願い出ている。『山月記』のその順序の変更は、詩業への断ちがたい思いを強調し、人間性の欠落を浮き彫りにする意図によることが明らかである。

以上を要するに、『山月記』は、「山月」として出現する明月を介しての、李徴の自己観照の物語とは解し得ないか。そこには今はかなわぬ望郷、妻子への追懐も含まれる。ある意味では、即興の詩中、とりわけ尾聯に照射された李徴の心象を「山月」をもって作品名に象徴化し、「長嘯」をなしえず、詩人としても「虎嘯」を成し得なかった人間の性情《さが》を剔《えぐ》ったとはいえまいか。虎の、否《いや》、李徴の月に照らされた自然の空間における自己観照は、まさに東洋的な世界観の中に息づいている。

注

（1）『漢詩―美の在りか―』（二〇〇二年、岩波新書、岩波書店刊）所載。

（2）『中国文学報』第四十四冊（京都大学文学部中国語学中国文学研究室、一九九二年四月刊）所載。なお、中国で通行する「静夜思」のテキストは、「牀前明月光（牀前　明月の光）、疑是地上霜、挙頭望明月（頭を挙げて明月を望み）、低頭思故郷」であり、「明月」が二重に現れ、「山月」の語は無い。

（3）『校注唐詩解釈辞典』（一九八七年十一月、大修館書店刊）の杜甫「月夜」「備考」（植木久行）に、「月は古来、あまねく天地を照らすところから、時間・空間を異にする両者を結びつけるものとして歌われ、従って離別の人や昔の人をしのぶ素材として用いられることが多い。」と指摘される。

（4）「李徴」にはただ「則有釐毛生焉。」とあるだけで、その「水鏡」による視認の記述は無い。

（5）「異」の位相として興味深いのは、即興詩の詠作のストーリーである。『山月記』では「袁傪は又下吏に命じて之を書きとらせた。」とするが、「人虎伝」には「傪復命吏以筆授之。（傪復た吏に命じて筆を以て之を授く。）」とある。まさに「人虎伝」では、虎と化した李徴が筆を授けられて書くのである。このことは「異」の範疇にある行為に他ならないのである。それを下吏に命じて筆録させるとの『山月記』の記述は、人の手ならざる李徴に筆は握り得ないとの理知の回路が先に働いたものであろうか。怪異に対する日中間のとらえ方の差異が認められる。

（6）澤田瑞穂「嘯の源流」（『東方宗教』第四十四号、昭和四十九年十月、日本道教学会刊。のちに『中国の呪法』所収、一九九〇年五月修訂版、平河出版社刊。）を参照。

第六章

魯迅『故郷』という教材

一、ある教場から

一九九五年ころから数年にわたって、早稲田大学教育学部国語国文学科に在籍する二年生を対象とした中国文学の演習科目（必修）で、魯迅の『狂人日記』を講読する機会をもった。受講生は全員が中国語を履修しているわけではない。未習を前提に中国語の発音を速習の上、部分的に原音で読むなどしてリズムを感じとり、さらに語義や文法事項等々を逐一説明した上で（もちろん繰り返しは覚悟の上である）、順次に担当者に解釈を試みてもらう方式で展開する。ねらいは、「文言」と対置される「白話」の世界を、中国文学史上最初の近代小説である『狂人日記』を通して理解してもらうことにある。反応はさまざまだが、その導入の過程で、魯迅を知っているか、知っていれば、どのようにして知り、どんな作品を知っているのか、を尋ねてみることにした。九〇～九五％の受講生が魯迅を知っていて、その理由は、「中学時代に『故郷』を教科書で習った」が断然に多かった。が、なかには、文学史の知識としてだけ教わり、また国語とは無関係で、世界史や日本史で習って知っているものも多少ながらいた。

魯迅の『故郷』が雑誌『新青年』一九二一年五月号に発表されてから、まもなく百年の歳月が流れようとしている。その間、一九二三年八月刊行の魯迅の第一創作集『吶喊』の一篇として収載され、この魯迅という作家の自伝的な光彩を放つ作品は内外に多くの読者を獲得して親しまれてきたが、隣邦の日本においてその翻訳が現れたのは、雑誌掲載から六年ほど遅れて一九二七年のことであった。折しもその年の十月号に「亜細亜文化研究号」の特集を組んだ武者小路実篤編集の『大調和』誌に掲載された『故郷』が、確認し得る本邦初訳となる。

この記念すべき訳稿は、「龍女の話」と題する李朝威の唐代伝奇小説「柳毅伝」の翻訳と並んで、誌面十二ページを費やして掲載された。ただし、訳者の氏名は目次・本文・後記などにも判明しない。いわゆる無名氏訳ではあるが、この小説の作者については、訳文の末尾に次の短い紹介が付される。(1)

（魯迅、本名は周樹人、浙江の人で、現に北京大学、広東中山大学の教授である。『支那小説史略』の外に、短篇小説集『吶喊』、『彷徨』などがある。民国第一流の短篇作家、年四十七。）

「年四十七」は、魯迅が一八八一年の生まれであるから数えによる年齢である。紹介は、同時代の中国を代表する作家の手になることを端的に説いているが、彼が日本への留学経験をもつことに触れていないのが、かえって不思議に思われるほどである。ともかく、この無名氏訳が日本における『故郷』の翻訳史の出発点となり、次いで確かな訳者名が分かる翻訳として佐藤春夫訳が世に問われるには、さらに五年の歳月を要した。(2)

『中央公論』一九三二年一月号の誌上に登場した佐藤訳は、その後の『故郷』の翻訳史に大きな影響をもったが、佐藤自身は、『魯迅案内』（一九五六年十月、岩波書店刊）所載の「魯迅の『故郷』や『孤独者』を訳したころ」のなかで、はじめ英訳を読んで感動し、原文と対照して訳したことを紹介して、『故郷』の面白さが「童話のやうな世界と苦い現実の世界とか《ママ》潮ざかひになつたところ」にありはしないか、という。

潮ざかひには多種の魚が住んでゐると聞いてゐるが、見かけは単純な『故郷』のなかに、文学上のいろいろな問題が、美が、無理なく自然にふくまれてゐるのを見た。文学や人生に関して教へるものが多い。

この観点から、佐藤は、

わたしは高等学校あたりの教科書があれを採り用ゐないのを当然とは知りながら不思議に思つてゐる。

と述べてもいる。

こうした中国の文学作品の翻訳受容の営みのなかで注目すべきは、やがて戦後の一九五二年から中学校の国語教材としても採用されるにいたり、今日にいたってなおも「安定教材」と称され、また「古典的教材」とさえ呼ばれる受容の道が生まれてきたことである。特に日中国交が回復される一九七二年から教材としての採用が軒並みになってきたといわれるから、そこから数えても半世紀になんなんとしている事実には驚かざるを得ない。ただ、私が教場で接した大学生たちの八割強の者が中学の教科書で読んでいるが、実際には教科書に載っていても扱っていないなどのケースも少なくない。いくつかの実践報告等を読み、また学生との対話を通してみると、読む上での扱いにくさなどもうかがいみえる。

一九九七年二月に掲載された吉原英夫「『故郷』研究・実践文献目録」(3)によれば、翻訳・著書・論文ごとに年代順に掲げられた各項目のうちに、一九九六年八月におよぶ研究ならびに実践の歴史が手にとるように明らかになる。また藤井省三『魯迅─「故郷」の風景─』(4)・『東京外語支那語部─交流と侵略のはざまで─』(5)・『魯迅「故郷」の読書史』(6)は日中におけるさまざまな『故郷』の読書と受容のありようを多面的に示してくれる好著である。

これらを含めて先行する論考類等に導かれつつ、魯迅『故郷』という作品について考察してみたい。

二、対比の構造

「きびしい寒さのなかを、二千里のはてから、別れて二十年にもなる故郷へ、私は帰った」（引用は『魯迅文集』第一巻[7]に載る竹内好の新訳による）に始まる書き出しは、読む者をすんなりと『故郷』の作品世界に誘っていく。

ああ、これが二十年来、片時も忘れることのなかった故郷であろうか。

と表白されるとき、もはや読む者は「私」の暗く沈んだ心の中に立っている。現実の目の前に広がる故郷は、寂寥を感じさせるもので、記憶の底に眠っている故郷とは隔絶したものになっている。そのよさを口にしようとすると、その美しい影は消えて言葉もなくなる。

現実の故郷と過去の故郷との対比によって小説は動きだし、その隔絶の理由を模索するなかに、「私」の暮らす「異郷の地」への移住が明かされる。「故郷」に対する「異郷の地」にはどんな意味合いがあるのか。

「ふるさとは遠きにありて思ふもの」と歌ったのは室生犀星であったが、そこにも「ふるさと」のもう一方に「遠き」地、「異土」が対立するものとして存在する。また唐の王維は「九月九日憶山東兄弟（九月九日　山東の兄弟を憶ふ）」の詩に、「独在異郷為異客（独り異郷に在りて異客と為る）」と「異」字を含む語を重ねて用い、その孤独のなかで「毎逢佳節倍思親（佳節に逢ふ毎《ごと》に倍《ます》ます親《しん》を思ふ）」と他郷に暮らす十六歳の心を素直に表現した。確かに「異郷」や「異土」には「故郷」に対する「よそ」の鈍重な響きがある。生活を営んでいる「異郷の地」から帰郷し、母と甥を引き取ってそこへ帰っていく『故郷』の「私」にとって、故郷との惜別の意味は大きく、その感傷は否定できない。「異郷の地」へ越していくという事実が一種の呪文となってのしかかり、心を沈鬱に封じ込めている。

さらに帰郷の心のありようを探るべく中国の古典にもう一つの例を求めれば、晋の陶淵明の「帰去来兮辞《ききょらいのじ》」にも、

帰去来兮　（帰りなんいざ）
田園将蕪胡不帰　（田園将《まさ》に蕪《あ》れんとす　胡《なん》ぞ帰らざる）

と役人生活を辞して、舟で帰郷する姿がみえる。船路はひたすら、

舟遙遙以軽颺　（舟は遙遙として以て軽く颺《あが》り）
風飄飄而吹衣　（風は飄飄として衣を吹く）

という軽快さで、かくて家の門や軒を見上げて、喜び帰れば、僮僕が迎えに出て、稚子《おさなご》は門に待っているし、庭の三つの小道は荒れてはいても松と菊は残っている。

これに対して、『故郷』のそれは違っていた。母親が迎え、甥の宏児が飛び出してきたものの、屋根一面のやれ茎が風になびいている。故郷に住むために帰った者と故郷に別れを告げるべく帰った者で、心境のありようは何と異なるものか。

また、陶淵明の「飲酒」第五首には、第一句に「廬を結んで人境に在り（結廬在人境）」ながら第四句に「心遠ければ地自《おのづか》ら偏なり（心遠地自偏）」という超俗の境地を詠み、

采菊東籬下　（菊を采《と》る東籬の下）
悠然見南山　（悠然として南山を見る）
山気日夕佳　（山気　日夕《にっせき》に佳く）
飛鳥相与還　（飛鳥相与《あひとも》に還る）

との第五～八句を承けて、

此中有真意　（此の中に真意有り）

欲弁已忘言　（弁ぜんと欲して已に言を忘る）

と結ぶ。言葉を忘れるほど田園の閑適なる生活はすばらしいのだろうが、『故郷』の「私」にとって、故郷の美しい影が消えて「言葉は失われてしまう」とは、故郷の喪失にほかならない。類似の表現でも、そこに潜む心は異なる。

　眼前の故郷と心に焼き付いたそのイメージの対比に始まり、現実と過去、ことばや場面など、さまざまな対比の構造が作品を機能していく。見るからに寂しさを隠しきれない母親から聞いた閏土の話題に、瞬時によみがえった彼との思い出の映像。このよき故郷の面影に対して、突如出現した楊おばさんと、尋ねてきた幼き日の「小英雄」閏土の変貌。「私」と閏土の姿に重なる次世代の宏児《ホンル》と水生《スイション》の交友。対比は随所に織りこまれ、印象的な展開を生む。それは作品理解に欠かせない重要なポイントにもなっている。

三、『故郷』の風景と表現

『故郷』は、中国の文化・生活の中に息づいている。「中国の」というよりは、作者魯迅の郷里である紹興地方の文化・生活といったほうが、場合によってはより適切かもしれない。冷たい風がヒューヒュー音を立てて吹き込んでくる船、その苫のすき間から外をうかがいみた光景。「私」の心象に関わる船は、どんな乗り物なのか。烏篷船《ウーポンチュアン》にしろ白篷船《パイポンチュアン》にしろ、挿し絵等によってでも知りたい思いにかられる。この船を皮切りにして、未知の事象が次々に現れては「故郷」の風景を点出する。

　西瓜の大敵「猹《チャー》」、三十何年に一回当番がまわってくる大祭、忙月《マンユエ》・長年《チャンネン》・短工《トアンクン》という雇い人の種類、閏月の生まれで五行の「土」の欠けた少年閏土の命名由来、きらきら光る銀の首輪に託された神仏への願かけ……。

『故郷』と聞くと、海辺で西瓜の番をする閏土の姿を連想する人も少なくない。「私」の脳裏によみがえったその画像は、それだけ鮮烈であるからだ。中国の夏は、街に西瓜があふれている。街路にテントを張り、西瓜を地面に転がして泊まり込みで売っている。私の個人的な経験をいえば、その現代の一コマを目撃して、ふと脳裏に浮かんだのがこのシーンであった。ガリガリと西瓜をかじる「猹《チャー》」の存在。西瓜の「危険な経歴」は、それが果物屋に売っているとばかり思っていた作中の「私」のみならず、西瓜のなる海辺の畑を見たことのない私にも新鮮なドラマを移植していた。

　この海辺の健児である閏土の口から語り出される「猹」はもとより、稲鶏《タオチー》・角鶏《チアオチー》・藍背《ランペイ》などの鳥、「鬼おどし」「観音さまの手」といった貝殻、「跳ね魚」等々は、作中の「私」の初めて聞く貴重な体験であるのみならず、多くの読者が同時に共感し得る未知との遭遇でもある。その中で、「猹」は、作者魯迅の一九二九年五月四日、舒新城あての手紙に、「猹」の字が自分の田舎の人々のいう発音に基づいて創りだしたもので、いま考えてみると、実体はあなぐまかもしれないことを書いている。また、その貝殻は、浙江省沿海地方で、人々が魔除けになると考えて、糸でつないで子どもの腕や足首にかけたという土俗的な意味をもつ。「鬼おどし」「観音さまの手」という名称自体に魔除けの意味が込められているという。のちに閏土が父に託して届けてきた貝殻や美しい鳥の羽は、「私」との友情の証でもあった。

　加えて、中国ならではの独特な比喩表現も印象にのこる。やっと美しい故郷に再会した思いの「私」を不意打ちする、かつて豆腐屋小町と評判された楊おばさん。「豆腐屋小町」の原文は「豆腐西施」。西施が中国古代を代表する越の美女で、その越の都会稽《かいけい》こそ魯迅の郷里紹興の地であったことはいうまでもない。今日、竹内好訳をはじめとして、いずれの翻訳にもこの訳語が定着しているが、実は一九二七年一月に出た無名氏による本邦初訳に、

　豆腐屋西施（日本なら豆腐屋小町とでもいふか）

と注記されて以来の訳語の歴史がある。出現したこの「頬骨の出た、唇の薄い、五十がらみの女」は、

両手を腰にあてがい、スカートをはかないズボン姿で足を開いて立ったところは、まるで製図用の脚の細いコンパスそっくりだった。

と描写される。「コンパス」はこの婦人の代名詞となるが、そのコンパスのコンパスたる所以はどこにあるか。楊おばさんが纏足をしていたことは、灰の山に埋められた碗や皿のことを母から帰りの船の中で聞かされた部分に確かになる。この「コンパス」とは、纏足して先の尖った靴を履いて、地面に足先が刺さったがごとき様子を形容している。纏足は中国の陋習の一つにも数えられ、婦人の解放と無縁でなかっただけに、時代性が色濃くあらわれた比喩といえる。

そして背丈は倍ほどになった現在の閏土の描写。今では黄ばんだ顔色をして石像のように少しも動かぬしわがたたまれ、太く節くれだち、ひび割れて松の幹のような手。

子だくさん、凶作、重い税金、兵隊、匪賊、役人、地主、みんなよってたかって彼をいじめて、デクノボーみたいな人間にしてしまったのだ。

と、その変貌を巧みな比喩で表現する。その彼が発した「旦那さま！……」の一言に「私」は悲しむべき厚い壁を感じとる。「私」の変容もあぶりだされるが、その昔「坊ちゃん」でいられた「私」は、

閏土の心は神秘の宝庫で、私の遊び仲間とは大ちがいだ。

と感じたものだ。この海辺の健児との違いは、「私」をも含めて遊び仲間は、

高い塀に囲まれた中庭から四角な空を眺めているだけなのだ。

と表現された。この中国の伝統的な四合院《しごういん》（主屋の「正房」の前方左右に「廂房」を、主屋の向かいに「倒座」を配して、建物が「院子《なかにわ》」を取り囲む）の住居形式に負った表現は、何とも象徴的である。外界から遮蔽された中庭の空間

から望まれる、四角く限られた天空。そこに伸びやかな世界は望めない。それは「私」が感じとった閏土との間の悲しむべき壁、自分だけが取り残されたように感じさせる目に見えない高い壁に連なるのである。コンパスとともに中国特有の表現として特に着目せねばならない。

四、『故郷』の一つの読解

『故郷』なる翻訳教材に対する文学的な読解の試みとして、一九八四年五月に発表された米田利昭「『故郷』（魯迅）――〈壁〉への思い[8]――」を興味深く読み、大いに啓発された。「二 『故郷』の読みと構造」において、竹内好の旧訳をテキストとして『故郷』を四節に分段し、副題にいう〈壁〉の語に着目して立論する。現実の閏土の登場によって記憶の中の彼のイメージがついえさるにいたる第三節の読解のなかで、米田は初めて〈壁〉という語に言及する。

> 「私」は、「ああ、閏《ルン》ちゃん――よく来たね……」といったまま二の句が出ない。閏土は「顔に、喜びと、寂しさの表情があらわれた」「ついに、彼の態度は、仰々しいものに変わった」そして「旦那様」という。「私」はぞくっとし、「私たちの間に、すでに悲しむべき厚い壁が築かれたことをさと」る。閏土の〈寂しさ〉は〈厚い壁〉を前にした者の表情だったのである。もちろん前代遺制に基づく身分差別の厳存だろう。人と人とを距てる〈壁〉は、〈寂寥〉とからみあう。

「悲しむべき厚い壁」を知覚した「私」とその「厚い壁」を前にした閏土の〈寂しさ〉に注目し、〈壁〉と〈寂寥〉との脈絡を指摘する。続く、故郷からの帰途の思いを書いた第四節の記述の中でも、前節に続いて〈壁〉に着目しての論を展開する。

故郷は遠ざかるが、名残を惜しむ気になれない。「私の周囲に、目に見えぬ高い壁が築かれ、私はただひとり、そのなかに取り残されたような気がして、気がめいる。」二度目の〈壁〉の登場であり、〈寂寥〉の再現だ。したがって「西瓜畑の銀の首輪の小英雄」昔の閏土のイメージは消える。

そして「私」は、人間を差別している制度〈厚い、高い壁〉について思いをめぐらす。

二度目に出現した「目に見えぬ高い壁」という〈壁〉に関わる語句に着眼してその心象を解析すると同時に、末尾の「希望」に言及すると、

いま閏土のイメージの生成、消滅、復活を軸とすれば、この二つの転換点に〈壁〉への思いがある。いいかえると〈壁〉の自覚とその破壊の祈りが、この小説世界を転換させている。

とコメントし、場面の転換点に「〈壁〉への思い」が機能することを析出する。あわせて第二段にひるがえって、

すると、かつて海辺の少年閏土の不思議に充ちた話を聞いた少年の「私」が、われわれ城市の子供は、「中庭のなかの高い塀に囲まれた四角な空だけを眺めている」といったのは、やがて〈壁〉に囲まれた状態を自覚する上で大事な伏線だったといわねばならない。

というように、〈壁〉のみならず、それに類縁する「塀」に視線を当てて、それを伏線ととらえて一連の読解を提示してみせたのであった。そして竹内好が旧訳に対する解説で説いた〈過去と現在〉〈自と他〉〈願望と挫折〉という対比的な言説をとらえ、「〈自と他〉とは、自分と他人のたどった道の相違について考え、初めは僅かの差と思われたものが大変な距離になったことを思い、そのことの責任を知識人としての已れに負おうとする、これが〈壁〉への思い」であるとも述べている。

旧時、中国の都市構造に城壁は不可欠であった。城郭都市と呼称された所以は、確かに城壁にあったといわざるを得ない。そして住宅という居住空間をとっても、伝統的な四合院住宅の様式では、塀を含めて建物の壁面の存在

感が大きく、屋敷内から望まれる天空こそ遮蔽性の中にあって唯一開放された空間であった。

その意味からも、米田論文の指摘する二つの〈壁〉（「厚い壁」と「高い壁」）の対応、その伏線となる「高い塀に囲まれた四角な空」の字句に基づく理解は、「私」の心象に大きく関わるものだけに、卓見で説得性をもつように考えられる。しかし、その二つの〈壁〉と〈塀〉とをキーワードとする解釈を確認すべく、いざ魯迅の原文に立ちもどって対照してみると、米田論文が試みた竹内旧訳の翻訳文から生まれてくる解釈との間には、読解の軌跡に隔たりを生じてくるように考えられる。以下に、その読解上の相違点に関して具体的に検証してみる。

五、訳語の比較対照

米田論文にいう〈壁〉に関わる三つの字句を、便宜上、テキストの時系列に即して出現する順に並べ換え、順にA、B、Cとして中国語原文と訳文との対照を示したい。対照に際しては、米田論文のよった竹内好の旧訳に加えて、一九七六年版以降の中学教科書に採用される新訳を添えることにする。因みに、ここに取り上げる三つの字句――順にAの「高い塀」、Bの「厚い壁」、Cの「高い壁」の字句は、少なくとも旧訳のみならず、新訳にも同様に訳語として定着していることを、以下の比較の前提として確認しておきたい。

なお、中国語原文のテキストは、一九八一年に人民文学出版社から刊行された『魯迅全集』によって引用した（ただし、簡体字の表記は、「故郷」初出の『新青年』の記載を参考にしつつ、日本の常用漢字による表記に置き換えて示したことを付記する）。

さて、以上の「高い塀」、「厚い壁」、「高い壁」という三つの語句の中で、原文テキストに第一番目に出現するのは、米田論文において伏線とされた部分に見える「高い塀」である。

A　原文

阿！閏土的心裏有無窮無尽的希奇的事、都是我往常的朋友所不知道的。他們不知道一些事、閏土在海辺時、他們都和我一様只看見院子裏高牆上的四角的天空。

A　訳文

旧　ああ、閏土の胸のうちには、汲めども尽きぬ不思議が満ちている。それは、私の遊び仲間の身も知らぬことばかりだ。彼らは何ひとつ知っていない。閏土が海辺にいるとき、彼らは、私と同様、中庭のなかの高い塀に囲まれた四角な空だけを眺めている。

新　ああ、閏土の心は神秘の宝庫で、私の遊び仲間とは大ちがいだ。こんなことは私の友だちは何も知ってはいない。閏土が海辺にいるとき、かれらは私と同様、高い塀に囲まれた中庭から四角な空を眺めているだけなのだ。

このAの原文と訳文との対照によって、訳文の「高い塀」に対応するのは、「高牆」の語であることが確認できる。この「高牆」に次いで、再会した閏土から「旦那さま」と呼びかけられた「私」の反応を書いたBの部分に進むと、どうであるか。このBに出現するのは、竹内訳が「厚い壁」と訳した「厚障壁」の語となる。

B　原文

我似乎打了一个寒噤；我就知道、我們之間已経隔了一層可悲的厚障壁了。我也説不出話。

B　訳文

旧　私は身ぶるいしたような気がした。私たちの間に、すでに悲しむべき厚い壁が築かれたことをさとった。私は、口にする言葉を失った。

新　私は身ぶるいしたらしかった。悲しむべき厚い壁が、ふたりの間を距ててしまったのを感じた。私は口がきけなかった。

ここに出現した「厚障壁」の語は、米田論文が〈壁〉の存在として第一番目に着目した「厚い壁」であることに注意しておきたい。この「厚障壁」に対して、米田論文が「二度目の〈壁〉の登場」と位置づけたのが、Cの部分の「高い壁」であったが、その原文にはどうあるか。

C　原文

老屋離我愈遠了；故郷的山水也都漸漸遠離了我、但我却并不感到怎様的留恋。我只覚得我四面有看不見的高牆、将我隔成孤身、使我非常気悶；那西瓜地上的銀項圏的小英雄的影像、我本来十分清楚、現在却忽地模糊了、又使我非常的悲哀。

C　訳文

旧　古い家は次第に私から遠ざかった。故郷の山水も次第に私から離れてゆく。しかし私は、名残りを惜しむ気になれない。私の周囲に、目に見えぬ高い壁が築かれ、私はただひとり、そのなかに取り残されたような感じがして、気がめいるだけである。西瓜畑の銀の首輪の小英雄のおもかげは、この上なくはっきりしていたのが、今となっては、急にぼんやりしてしまった。これもたまらなく悲しいことである。

新　古い家はますます遠くなり、故郷の山や水もますます遠くなる。だが名残り惜しい気はしない。自分のまわりに眼に見えぬ高い壁があって、そのなかに自分だけ取り残されたように、気がめいるだけである。西瓜畑の銀の首輪の小英雄のおもかげは、もとは鮮明このうえなかったのが、今では急にぼんやりしてしまった。これもたまらなく悲しい。

このCの部分に登場した「壁」は、眼に見えざるも、自分の「四面《まわり》」に確かに存在すると意識されるものにほかならなかった。この「高い壁」と訳出されたのは「高牆」の語であることが確認できる。

以上のA、B、Cの原文ならびに新旧両訳の対照を踏まえて、まず考察を加えたいのは、米田論文にいう第一番目に出現する「厚い壁」と第二番目の「高い壁」の原文に関する問題である。それぞれ原文では「厚障壁」と「高牆」とであることが明らかになったが、そのそれぞれの「厚い」と「高い」の意味に当たる「厚」と「高」という修飾語を除いてやった「障壁」と「牆」とは、いずれも辞書的には「壁」の意味をもつことが確認できる。しかし、その訳語としての「壁」の意味は共通しても、原文に表記される文字自体としてはまったく一致を見ないことが明らかになる。以上を整理すると、次のようになる。

米田論文にいうがごとき「壁」という語の語句的な同一性・重複性は原文自体には認められず、そこに原文と翻訳との隔たりが浮かび上がる。この実質的な異相《ズレ》の確認されることを第一に提起しておかねばならないが、その事実にあわせて、米田論文が伏線とした「四角的天空」にまつわるAの字句に注目してみると、意外な事実が判明する。

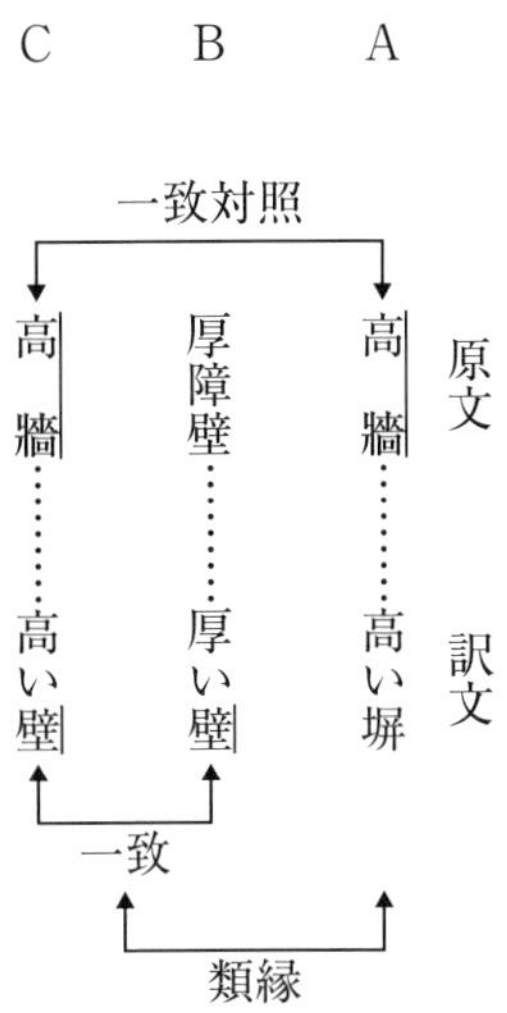

すなわち、Aの部分において、訳文の「高い塀」に相当するのは「高牆」の語であったことが明白になる。と同時に、この「高牆」の語が、Cの部分における「高い壁」の原文「高牆」と語句的な一致をみることが明確になるのである。

原文によるかぎり、AとCとに出現する「高牆」こそが一致対照されるのであり、訳文において一致をみたBの原文「厚障壁」とCの原文「高牆」とは文字的、用語的には重ならないのである。

この語句的な対照検討から、『故郷』の原文と訳文との間に内在される矛盾点が洗い出され、そこに読解に関わる訳語上の問題のあることが顕在化してくるのであり、ひいては『故郷』の訳語を考え直すことが不可欠になるとも考えられるのである。以上の事実に立脚して、先にAとCの原文に確認された「高牆」、ならびに親密な意味をもつ「障壁」の語をキーワードとして一つの読解を試みるならば、どのような読みの展開がそこにはあるか。この原文に基づく基本的な読みの可能性を検証しなければならない。

六、原文に基づく読解

『故郷』において、初めて出現する「高牆」の語は、少年時代における閏土との相違を知覚した「四角的天空」という心象風景に付帯して現れるのであった。この回想に始まり、閏土との再会の場において、閏土が開口一番に発した「老爺（旦那さま）！」の一語によって隔絶感に見舞われる。すなわち、Bの部分に描出される悲しむべき厚い「障壁」の存在を実感するが、その思いを実感する以前に予感めいたものがあった。

Bに先立つ閏土との再会のシーンを検討してみる。

◎「阿！閏土哥、——你来了？」

我接着便有許多話、想要連珠一般湧出：角鶏、跳魚児、貝殻、猹、……但又總覚得被什麼擋着似的、単在脳裏面回旋、吐不出口外去。

竹内旧訳「ああ、閏《ルン》ちゃん——よく来たね」

つづいて、多くの言葉が、数珠のようにつながって後から湧き出ようとした。角鶏、跳ね魚、貝がら、猹……だが、それらは、何物かにせきとめられたような感じがした。頭のなかで、ぐるぐる廻っているだけで、口から外へは飛び出して来なかった。

竹内新訳　《ああ閏《ルン》ちゃん――よく来たね》

つづいて言いたいことが、あとからあとから、数珠つなぎになって出かかった。角鶏、跳ね魚、貝がら、猹……だがそれらは、何かでせきとめられたように、頭のなかをかけめぐるだけで、口からはでなかった。

長い年月を越えて昔通りに親しく呼びかけ、同時にさまざまの思い出が数珠つながりに脳裏に浮かぶが、何かしっくりこない。「什麼」と表記された何物かの存在によって二の句を継げないもどかしい感覚。それが「障壁」の存在を知覚する予感でもあり前兆でもあった。事実、Bにおける閏土の「老爺」の一語によって確たる悲しむべき厚い「障壁」の存在が現実的になる。そしてまた「単在脳裏面回旋、吐不出口外去。」は、続くBの「我也説不出話。」と表現的にも呼応するものとなっている。

この閏土との再会直後に不意に現実化する「障壁」の存在が、離郷の場面に再燃する。すなわち、Cにおける「私」の周囲にできた「高牆」への言及は決定的なものであった。それは「障壁」とは字句を変えて表現されたところに意味がある。ここに出現する「高牆」の語は、すでにAの「私」およびその遊び仲間と「神秘の宝庫」たる閏土との相異を示す心象風景のなかで、象徴的な「四角的天空」を構成する点景として織り込まれていた。この記憶の中に生きている、「高牆」の上に広がる「四角的天空」を原点として、三十年後に「厚障壁」、「高牆」と字句を変えて漸層的に心の「壁」の存在を明確化していく。

この作品を読みすすめるという読書行為を考えると、Aの部分を読み、Bの部分を経過して、さらに読みいたったCの部分に「高牆」の語が発現するとき、まず想到されるのは先に出現したAにおける同一の語句に相違ない。

その親密な関連性を秘めた「高牆」の語を含む原文を、あらためて間近く並べて対比してみる。

A　他們都和我一様只看見院子裏高牆上的四角的天空。

C　我只覚得我四面有看不見的高牆、将我隔成孤身、使我非常気悶；

両者の字句を見較べてみると、単に「高牆」の語が共有されるのみならず、Aの「看見」に対してCの「看不見」、Aの「四角」に対してCの「四面」という類縁性のある語が配置されている事実も確認される。このAとCとの字句表現の中に、両者が自然に照応対比されてくる言語的な仕掛けが装着されていることはもはや明白である。思うに、Cの「高牆」の語はもとより、その「四面」と「看不見」を含んだ文から、Aの「高牆」および「四角」と「看見」という類縁性のある語を含んだ文が照射されないことはあるまい。そこには、文学的な「射影」の思考が根本にある。

こうしてAの少年時代における「四角的天空」の点景として付帯的な存在にあった「高牆」が、Cにいたって確かなものとして実体化し、「私」の隔絶感が厳然として自覚されるにいたったといわねばならない。すなわち、Cにおいては、「将我隔成孤身、使我非常気悶；」と展開し、まさに隔絶された孤独感が示されることに注意を要する。

ここに用いられる「隔」の字を追跡してみると、その直後の船底の水音を聴きながら思いにふける場面に進んで、

我竟与閏土隔絶到這地歩了。

さらに、

我希望他們不再像我、又大家隔膜起来……

と畳みかけるように「隔」字の入った熟語が生起して展開する。それは「私」の抱いた隔絶感自体に連なる字句であるだけに、「隔」字ならびにその字を含んだ熟語は『故郷』という作品にとって、もう一つの重要な字句になっ

ているということができる。

そもそも『故郷』において、「隔」字が初めて出現するのは、実は、このAとCの中間に挟まれたBの「厚い壁」に関わる一文の中に他ならない。

B　我就知道、我們之間已経隔了一層可悲的厚障壁了。

作中の「私」が閏土との隔絶感を知覚した最初の部分であり、ここに知覚された「厚障壁」の存在は、Cにいたって決定的なものとなり、その存在を「高牆」の語をもって明確にしたといっていい。そして「高牆」を介して対照されるA・C二つの過去と現在。現在知覚される隔絶感と孤独感は、確かに子どものころに抱いた「四角的天空」に象徴される感覚の中に潜在し、そこに「高牆」の存在は内在されていた。つまり、本質的には、潜在化した「高牆」が時空を超えて顕在化したにすぎないものでもある。

いま、「高牆」や意味的に類縁の「厚障壁」、また「隔」の字やその熟語をキーワードとして、「故郷」の原文に対して考え得る一つの読みの可能性を示してみた。それは原文における字句の検証に依拠したものであり、そこに認められた原文の語句の対照性は、翻訳された文に反映されるべきである。そうした原文の読みの再現を可能ならしめる訳語の選択への積極的な配慮が大いに必要なのではなかろうか、と考える。

七、訳語の問題点

「高い塀」「厚い壁」「高い壁」という訳語の問題に話を転じたい。A・Cにおける「高牆」の訳語について考えてみると、まず先に示したような原文に基づく読みを可能ならしめるには、その二つの「高牆」に共通した訳語を用意することが最低限不可欠となる。因みに、Aに示した一文において、「院子」とは、いわゆる中庭をいう。中国の四合院住宅の、正房・廂房といった建造物に囲まれた空間をいうのであり、別に「天井」の語もある。「天井」は文字的にも、そうした囲まれた空間を意識させる語といえる。

翻って、「四角的天空」は、子どもの一段低い目線から仰ぎみて、中庭に面した建物の高くそびえる壁面が作り出す四角な空間を象徴的に表現したものである。その意味では、「牆」には辞書的に「壁」「塀」「囲い」「仕切り」といった字義があるものの、この「高牆」は、高い塀であるよりは、それをも含んで建物のつくる「高い壁」であるにちがいない。その意味で、「高牆」は「高い壁」と訳すのが適切ではないかとも考える。(9) ただ、中国の風土や文化を知らない者にとっては、「高牆」に対して「高い塀」の訳語を一貫して用いることもあり得る選択肢である。

こうして、AとCの「高牆」に対して訳語の同一化をはかると同時に、Bにおける「厚障壁」の訳にも注意を払う必要がある。すなわち、「高牆」を「高い壁」と訳するのであれば、この「高い壁」との重複・混交を避けるべく、「障壁」には、語句の相違が分明になる語、たとえば「障壁」そのものなり「隔壁」なりの漢語、あるいは「隔て」や「仕切り」といった訳語も考えられる。ただ、この一文が「隔了一層可悲的厚障壁了」と動詞「隔」を使って表現され、かつCのあとに「隔絶」や「隔膜」という語句が重ねて出現することを意識すれば、「隔」の字と「障壁」の語をそのまま活かした訳語が有効のようにも思われる。このような処置を通して、原文本来の読みを保証する訳文を確保することを期すべきではなかろうか。このような語句的な対照性が訳文に再現されるならば、原文の持ち味に忠実な読解が実現される可能性が高まる。

以上、一つの読解の可能性を提示するとともに、それに伴う邦訳上の訳語の問題点についてコメントしてみた。ただ訳語の問題について考えてみれば、本邦初の翻訳にすでに認められた不首尾のようで、佐藤春夫以下、これに続く翻訳の多くがその読みを可能にする対応を十全に意識してこなかった憾みがある。その不具合は読解を左右するだけに、翻訳された作品の生命に大きく関わるといえる。『故郷』の研究・実践史をひもとくとき、些細ながら読解の本質を左右する意外な一事であるように思われてならない。

そもそも魯迅は、『故郷』後の文章においても「高牆」の語を重用していた事実が確認される。一九二五年五月二十六日付、北京で書いた「ロシア語訳『阿Q正伝』序および著者自叙伝略」（同年六月十五日『語絲』周刊第三十一期初出、『集外集』所収）の「『阿Q正伝』序」の冒頭、中国文学に精通したワシリエフ先生の翻訳によってロシアの読者に提供されることになった感謝を述べる一方、次のように書いている。(10)

書くには書いてみたものの、わたしがほんとうに、現代のわが国の人々の魂を描くことができたかどうか、結局のところ、自分にはまだ、しかとした自信がない。他人はいざ知らず、わたし自身には、我々人と人とのあいだには高い塀があって、それぞれを隔離し、人々の心を通いあわないようにさせているように思えてならない。（略）

ここに出現する「高い塀」の原文は「高牆」にほかならず、この「高い塀」をめぐって、古代の聖賢が人間を十等級に分けて、高下の違いを説いたが、その亡霊が相変わらず存在して、人間が他人の精神的苦痛まで感じることがないように仕組んでいることを指摘する。さらに古人が恐ろしく難しい文字を作ったため、多くの人がこれを使って話をすることができなくなったといい、

おまけに、古い注釈が築きあげた高い塀は、彼らに、考えることさえあきらめさせてしまったのである。

とも指摘する。もちろん「高い塀」の原文は「高牆」にほかならない。

魯迅は、このようなもの言わぬ国民の魂を描く難しさを、いまだ革命を経験していない古い国の人民であるので、お互いの意見が自分自身すら理解できない現状によると理由を述べて、さらに続いていう。

わたしは人々の魂を懸命に探し求めるのだが、いつもそこに隔たりがあるのを残念に思う。将来は、高い塀にとり囲まれているすべての民衆が自分からめざめ、その外にとび出して口を開くようになるにちがいないのだ

が、しかし、いまはまだほんの少数である。

ここに出現する「隔たり」の原文は「〔有些〕隔膜」であり、「高い塀」の原文はもちろん「高牆」の語にほかならない。これを承けて、「だから、わたしも自分の気づいたことによってしばらくは独り寂しくこれらを描き、わたしの眼に触れたことのある中国の人々の生き方とみなすしかないのである。」と主張するとき、『阿Q正伝』に対する文章のなかとはいえ、ここに投ぜられた「高牆」が魯迅の作品のなかにもつ意味的な重みが理解される。とりわけ「高牆」が、一九二一年五月に『新青年』に初出して、一九二三年八月に第一創作集『吶喊』に収載された『故郷』なる作品を機能する重要な語となっていたことを考えあわせれば、作家の持ちつづけた根源的なテーマを体現するキーワードとして「高牆」は象徴的な意義を負っていたといえる。(11)

八、物語の仕組みと月

『故郷』は、船で行き、船で帰るという構造をもつ。それは異郷から故郷へ行き、故郷から異郷の地へ戻る往還でもある。行ってまた帰ってくるという物語の仕組みの重要性を説いているのは、瀬田貞二「行きて帰りし物語」(『幼い子の文学』所載、一九八〇年一月、中央公論社刊「中公新書」)である。ここで離郷の船中での宏児と「私」の会話に注目してみたい。

《おじさん、ぼくたち、いつ帰って来るの?》

《帰って来る? どうしてまた、行きもしないうちに、帰るなんて考えたんだい?》

《だって、水生がぼくに、家へ遊びに来いって》

宏児は目的地に着く前に、帰ってくることを話題にする。思い起こせば、楊おばさんが出現する直前、「字は書ける？　よそへ行くの、うれしい？」などと「私」は宏児の話し相手になっていた。いまここで「いつ帰って来るの？」と問う宏児にとって、この旅は、当然「帰ってくる」のが当たり前の旅なのである。つまり、「離郷」の旅としては発想されず、単に「よそへ行く」ものとしてあるだけである。母も「私」も驚きを隠せなかったが、そこには「よそへ行く」ことに対する認識のズレが認められる。

帰郷の船中で自問自答した「私」に対して、離郷する「私」の心は、古い家や故郷の山水が遠のいても、名残り惜しさはおきない。眼に見えぬ高い壁の中にひとり取り残されたように気をめいらせ、悲しくも西瓜畑の小英雄のおもかげが急に模糊とするほどに、灰の中に隠された碗と皿の話は決定的であったか。「神秘の宝庫」であった閏土の「心」まで変わってしまっていたのか。

宏児が明かした水生との交友は、かつての「私」と閏土との姿に重なる。次世代の少年二人の間には、すでに新たな物語が萌芽していて、そこに物語としての「入れ子」の構造が内包されてもいる。この二人の将来に「私」は思いを馳せるが、この故郷への往還の航跡にあって、いまだ帰りつくべき「異郷の地」に帰着してはいない。「異郷」への旅がいまだ完遂されず、二人の行く末もいまだ知れない時点で、閏土との距離を認めた「私」のいう「希望」には、「新しい生活」をもつことへの深い意味がある。

海辺の緑の砂地、その紺碧の空に懸かった金色の丸い月――まどろみかけた「私」の眼に浮かんだ光景は、ただ主人公なき舞台背景のように横たわっている。

このエピローグの月はこの作品にとって象徴的な意味をもつ。この『故郷』を含む中学校国語科教科書の教材を調査・検討するなかで興味深く読んだのは、教育出版の『伝え合う言葉　中学国語1』「伝統文化と言語」に掲出される「月と古典文学」であった。小林一茶の「名月をとつてくれろと泣く子かな」を手始めに、その句の「名月」が意味する「中秋の名月」（旧暦八月十五日の月）、月の満ち欠けに基づく「旧暦」と現代の太陽暦との時間的なズレ、「十六夜」「立待月」「居待月」「寝待月」といった月のさまざまな呼び名、竹から生まれたかぐや姫が八月十五夜に月の世界に帰っていく『竹取物語』、『奥の細道』の旅立ちに「松島の月まづ心にかかりて」と記した芭蕉、遣唐使として渡った中国の地で「天の原ふりさけみれば春日なる三笠の山に出でし月かも」と歌った阿倍仲麻呂、「花はさかりに、月はくまなきをのみ見るものかは」との美学を語った『徒然草』の吉田兼好、最後には、山にかかった月を望みみて故郷を思った李白の「静夜思」を挙げる。花鳥風月や人生や価値観に対する見方や感じ方、それに対する時空を超えた共感など、古典との語らいを喚起する教材といえる。

この「月」というテーマは、唐の「人虎伝」や中島敦の『山月記』に連なり、古典文学や国の枠組みを超えて、魯迅『故郷』の月にも波及するものである。小英雄たる閏土がサスマタを手に「猹《チャー》」を突く海辺の畑を照らした月は、故郷を去るシーンで、宏児と水生という次の世代がいかなる関係を育むかを予感させて、主人公たちのいない舞台を照らし出している。思えば、魯迅の作品には処女小説にして中国近代小説の先声となる『狂人日記』冒頭にも「今天晚上很好的月光。」と出現する月があるのをはじめ、テーマ性に満ちた月が存在する。『故郷』に描かれる次世代の二人の将来も、前者の轍を踏むやもしれない。地上に道はあるのか、道がつくのか、もとより保証も知るよしもない。それを見つめるのが海辺の金色の丸い月に他ならないのである。

注

（1）『大調和』は、『国立国会図書館蔵昭和前期文芸・同人雑誌集成』影印本（一九九八年二月、アイアールディー企画刊）による。

（2）藤井省三『魯迅「故郷」の読書史』（一九九七年十一月、創文社刊「中国学芸叢書」）の「はじめに─文学と〈想像の共同体〉」の中で、「日本でも『故郷』は一九二七（昭和二）年に初めて翻訳されて以来、外国文学としては破格の数の読者を得ている。これを最初に中学国語教科書に収録したのは、敗戦後の日本が独立を回復して間もない一九五三年のこと、教育出版社の三年生用教科書であった。その後、『故郷』を収める教科書は増え続け、日中国交回復の一九七二年以後は、国語教科書のすべてに収録されている。外国文学でありながら国民文学的扱いを受けているのである。」と指摘される。

（3）『北海道教育大学紀要』（第一部C）第四十七巻第二号所載の「『故郷』（魯迅）は『希望の文学』か」に附載。

（4）一九八六年十月、平凡社刊「平凡社選書」一〇〇。

（5）一九九二年九月、朝日新聞社刊「朝日選書」の内。

（6）注（2）所掲。

（7）一九七六年十月、筑摩書房刊。

（8）日本文学協会国語教育部会編『講座・現代の文学教育』第四巻（中学・高校小説編）第二章「教材研究と指導」所載、一九八四年五月、新光閣書店刊。

（9）戦後の『故郷』の翻訳のなかで、増田渉訳（一九六一年四月、角川書店刊『阿Q正伝』、「角川文庫」所載）、ならびに丸山昇訳（旧訳：一九七五年十一月、新日本出版社刊『阿Q正伝』、「新日本文庫」所載。新訳：一九八四年十一月、学習研究社刊『魯迅全集』第二巻所載）は、AとCの「高牆」を「高い壁」と訳している。しかし、Bの「厚障壁」を「厚い壁」と訳出するため、結果的に「高い」と「厚い」という修飾語を除けば、三つの「壁」が存在することになっている。詳細は『日中比較文学叢考』（二〇一五年九月、研文出版刊）第七部第三章「魯迅「故郷」ノート（Ⅱ）――「高牆」と「厚障壁」の訳語――」を参照されたい。

（10）『魯迅全集』第九巻（相浦杲・伊藤正文訳者代表、一九八五年六月、学習研究社刊）の翻訳による。原文は『魯迅全集』第七巻（一九八二年人民文学出版社刊）。

（11）「『阿Q正伝』序」の前年となる一九二四年九月二十四日に書かれた「乞食〔求乞者〕」（同年十二月八日『語絲』周刊第四期初出、『野草』所収）の冒頭にも次のようにある。

　はげ落ちた高い塀に沿って、わたしは道をいく。やわらかい砂ぼこりを踏みしめながら。ほかに何人かの人がいて、それぞれに道をいく。そよ風が吹いて、塀の上につき出た高い木の枝が、まだ枯れてしまわない葉をつけたまま、わたしの頭の上で揺れる。

「高い塀」の原文はもちろん「高牆」にほかならない。以下、道を行く「わたし」に対して、子どもが物乞いすること二回。施しをせず、施しをする心もなく、嫌悪と疑いと憎しみを与えるだけの「わたし」は、くずれ落ちた土塀〔泥牆〕に沿いながら、自分がどんな風に物乞いをするのか、その口ぶり、手ぶりを考える。「無為」と「沈黙」で物乞いするだろう「わたし」は「虚無」を得るだけだろうという。この間、「そよ風が吹いて、あたり一面に砂ぼこりが舞いあがる。」がリフレインされること四回。最後は、「ほかに何人かの人がいて、それぞれに道をいく。」に導かれるエピローグで、「砂ぼこり〔灰土〕、砂ぼこり、……／………／砂ぼこり……」とリフレインされる。「高牆」は、ある意味で「わたし」と物乞いする人との境界あるいは分水嶺のごとき意味をもつ。その「高牆」や「泥牆」がそれぞれ「剥落的」「倒敗的」と修飾される情況は、その崩落倒壊、引いては境界の失墜、その隔たりの消失をも暗示して、自分の境遇、立場の変転をも思わざるを得ない。乾燥した中国の風土にあって、版築工法で作られたであろう「高牆」は、やがて風雨に曝されて塵土と化していく。リフレインされる「砂ぼこり」は、「高牆」と相俟って象徴的な意味をもつ。

第三部〔史伝と英傑〕

第七章

覇王の最期
――歴史と文学――

一、乾坤一擲

項羽と劉邦が天下争覇の激しい戦いを展開した挙句、ひとたび鴻溝を境界として天下の分割保有を約したことは、漢楚興亡の史上に確かに知られるところである。しかし、「英雄、並び立たず」とはよく言ったもので、それが一時的な便法にすぎず、早晩天下取りの新局面の現出することは目に見えていた。事実、機を見るに敏な劉邦は、東に帰る項羽の背後を突き、盟約は絵空事と化した。

およそ千年の時を隔てて、中唐の韓愈（七六八～八二四）は「鴻溝を過ぐ（過鴻溝）」と題する七言絶句を詠じている。韓愈は行軍司馬として淮西の呉元済に対する討伐軍につき従い、その遠征の途次、鴻溝を通りすぎた。時に、元和十二（八一七）年八月。「鴻溝を過ぐ」は、この行軍中の作である。

龍疲虎困割川原　（龍疲れ虎困しみ川原を割《さ》き）

億万蒼生性命存　（億万の蒼生　性命存す）

誰勧君王回馬主　（誰か君王に勧めて馬主を回《かへ》さしめ）
真成一擲賭乾坤　（真成《まこと》に一擲　乾坤を賭す）

竜虎たる両雄、項羽と劉邦が雌雄を決すべく激しく戦ったものの、ともに疲れ困しみ、結局勝敗がつかず、天下を分割する盟約を結んだ。その結果、将兵はもちろん民草も戦塵の難儀から救われ、億万の蒼生《たみ》の生命が保たれることになった。しかるに、その時しも、いったい誰が劉邦に不意の項羽攻伐を進言し、その西に向けた馬首を回さしめたのか。もとより臣下たちの献策は劉邦を得心させるに充分であり、果たして劉邦は、「乾坤」すなわち天下を賭けて、サイコロを一擲《ひとふり》。のるかそるかの大勝負に打って出た。

漢楚興亡史の一齣を秘めた鴻溝。韓愈はこの土地を通過するに際しての感興を詠じているが、従軍中の作であり、篇中に荘重雄渾の空気もみなぎっている。この劉邦の「乾坤一擲」の大英断が、秦の始皇帝以後の天下統一の帰趨を決した。

さても「サイは投げられた」とはジュリアス・シーザーの吐いた名文句であったが、かつて鴻門の会の席上、項羽は劉邦殺害を促す范増の玉玦を意に介さないで、かえって今ここに至って、好敵手劉邦によって天下取りのサイを一擲された。「項王の天下を奪はん者は、必ず沛公なり」――この范増の予言がみごとに的中しようとは、いまだ優位にあった項羽の想像だにしなかったところである。そして現実に逃走を強いられるにいたった項羽は、敗北のいわれを「天の我を亡ぼす」と、天に帰した。敗因を自らの戦いの拙劣さに求めることは、勇将の自尊心が許さない。項氏という武門の血の流れる項羽にとって、それはあってはならないことでもあった。血路を開いてともかく烏江に落ちのびた項羽であるが、これから先、いったい何の面目あって江東の地に帰れようか。かくて覇王は死期を悟り、自刎して果てるのであった。

二、巻土重来

この烏江の地をめぐっては、晩唐の詩人、杜牧（八〇三～八五二／三）が、「烏江亭に題す（題烏江亭）」と題する七言絶句に、次のように詠んでいる。

勝敗兵家事不期　（勝敗は兵家も　事　期せず）
包羞忍恥是男児　（羞を包み恥を忍ぶは　是れ男児）
江東子弟多才俊　（江東の子弟　才俊多し）
巻土重来未可知　（巻土重来　未だ知るべからず）

詩題にいう「烏江亭」とは、のちに漢王朝を開くにいたる劉邦と天下統一の覇を競いあった項羽が、時に利あらず自刎して果てた歴史上の舞台にほかならない。時代は下って唐の会昌年間（八四一～八四六）、池州刺史となった杜牧は、この歴史の一コマを伝える烏江亭に立ち寄り、いにしえの悲運の勇将、項羽に思いを馳せて、その湧きおこる感懐を詠じた。杜牧の訪れた当時、この地には項羽を祭った廟宇が建てられていたようであり（詩題を「烏江廟」に作るテキストもある）、唐代の詩篇に限っていえば、孟郊の「和令狐侍郎郭郎中題項羽廟」、李山甫の「項羽廟」、霊一の「項王廟」、あるいは清昼・潘述・湯衡の「項王古祠聯句」といった詩題の作にもその祀廟の存在が確認される。因みに、秦泥『漢詩の旅』（一九八九年二月、徳間書店刊「徳間文庫」）の「力は山を抜き気は世を蓋う」に、実地を踏まえた「覇王廟の今昔」の一文がある。

「勝敗は時の運」といわれるが、項羽はまたその時の運にさからい得なかった一人といわねばなるまい。起句は、いかなる名将や兵法家さえ予期できない戦いの運を詠じている。もし、そのように武運の長久が人知を超えたものだというならば、よしんば戦況利あらず敗北を喫したとしても、それは恥じるには足りないものである。承句では、その一時の恥辱を忍び屈辱に耐えぬいてこそ気概ある男児にふさわしい、といってはばからない。

しかし、項羽は、かつて八千を率いて進発した江東の地に単身で帰るのを恥じ、この烏江亭に自刎して果てたのであった。その事実は事実として受けとめねばならないけれど、彼が旗上げした江東の地には、なおも才能すぐれた若者が多い。こう転じた杜牧は、その前途ある若者たちを募り、再び疾風が土を捲きあげる勢いで軍旗をひるがえしたならば、天下の形勢はいまだどう決着をみたか分からないと、その湧きおこる感懐を反実仮想的な手法で表出したのであった。

項羽の巻土重来はありうべくもなかったが、その死は早きに失したかの感を免れない。大志を抱きながら、あまりに太く短い生涯を自らとじた項羽であればこそ、そのいまだ春秋に富んだ死を悼み思われるのも無理からぬところである。

三、抜山蓋世

項羽の悲業の死を「巻土重来　未だ知るべからず」と哀惜した杜牧に対して、宋の愛国詩人と称される陸游（一一二五～一二一〇）は「項羽」と題する七言絶句にこう詠んでいる。

八尺将軍千里騅　（八尺の将軍　千里の騅）
抜山扛鼎不妨奇　（山を抜き鼎を扛《あ》げ　奇を妨《そこな》はず）
范増力尽無施処　（范増　力尽くすも施す処無く）
路到烏江君自知　（路　烏江に到りて　君自ら知る）

身の丈八尺の雄壮なる将軍と、その愛乗する千里の駒は「騅」。「抜山」とは、名高い「抜山蓋世」歌の冒頭の語。『史記』「項羽本紀」からその歌辞を引用しておく。

力抜山兮気蓋世　(力は山を抜き　気は世を蓋《おほ》ふ)
時不利兮騅不逝　(時に利あらず　騅逝《ゆ》かず)
騅不逝兮可奈何　(騅逝かずんば　奈何《いかん》すべき)
虞兮虞兮奈若何　(虞や虞や　若《なんぢ》を奈何せん)

また「扛鼎」は、やはり『史記』「項羽本紀」の項羽の人となりを記して「長八尺余、力能扛鼎」とあるのに依拠したもの。「山を抜く」あるいは「鼎を扛《あ》げる」と表現される力は、まさに天下無双のものにほかならない。項羽の人物と境涯をあるがままに詠じるから、くだくだしい説明は要すまい。知謀の士、范増を得ながら、范増は項羽の猜疑のために力をふるえず、結果的に空しく逸材を失っていった項羽。ひとたび覇王を称したものの、烏江についに天命を知覚せざるを得なかった。

項羽の死を弔おうとすれば、あくまでその死にいたる事実を事実として沈着に見すえねばならない。この陸游の詠懐の詩篇は、項王への哀歌でもある。

時代的に前後するが、同じく宋の女流詩人、李清照(一〇八四〜?)も「夏日絶句」に項羽を詠出している。

生当作人傑　(生きては当に人傑と作《な》るべし)
死亦為鬼雄　(死しては亦た鬼雄と為らん)
至今思項羽　(今に至りて思ふ　項羽の)
不肯過江東　(江東に過《よ》ぎるを肯ぜざりしを)

項羽は江東の父兄にまみえる面《かんばせ》なく、烏江に最期の白兵戦を展開して潔い死を遂げたが、時は移って南宋の御世、金兵の南進に対して、宋の王朝は江を渡ってともかく国土を確保すると、誰一人として金兵に立ち向かうものとてない。その失われた国土を挽回すべく獅子奮迅する人物のないことを忼慨する。かつての人傑たる項羽は、死してなお鬼雄としても待望熱愛された英傑であった。

四、項羽と虞美人

垓下の大敗、四面楚歌するなかの虞美人との永訣、そして烏江での自刎にいたる悲劇の終幕。まさに諸芸能の格好の題材である。明・田汝成の『西湖遊覧志余』巻二十には明・瞿佑の「観燈詩」十五首を載録し、その第三首に次の作がある。

南瓦新開影戯場（南瓦新たに開く　影戯場）
満堂明燭照興亡（満堂の明燭　興亡を照《うつ》す）
看看弄到烏江渡（看る看るうちに烏江の渡《わたし》に弄し到る）
猶把英雄説覇王（猶ほ英雄を把りて覇王を説《かた》る）

「南瓦」の「瓦」とは「瓦子」「瓦肆」「瓦舎」と呼ばれた盛り場で、「影戯場」とは「影戯」すなわち影絵芝居をみせる小屋をいう。その燈燭をともして演ぜられた歴代興亡の出し物に、覇王項羽の最期がかからぬはずがない。「烏江渡」はまさにその場面である。これは明代影戯の一例ではあるが、この哀感あふれる敗者の終末《フィナーレ》は、時代時代にさまざまに芸能の方面で演ぜられ、やがて京劇の代表的な演目「覇王別姫」にも脚色して昇華される。のみならず、遠く異朝の本邦にあっても謡曲「項羽」が創出される。

謡曲「項羽」は、第三者の後日回想談的な趣向で仕組まれる。烏江の野辺の草刈り男（ワキ）を乗せた老船頭

（シテ）は、船賃のかわりに「美人草」を所望し、その花のいわれを教え説く。
この草刈り男に虞美人の化したと伝えられる「美人草」を要めた老船頭こそ、じつは項羽の幽霊であった。項羽と虞美人とは死に場所を異にしただけに、幽霊の姿を借りて虞美人ゆかりの可憐な花卉を所望する項羽には、哀切の情を禁じ得ない。やがて項羽（後シテ）と虞氏（後ツレ）の霊が現れ、最期のありさまを見せる。その情感はひとしお切実である。

五、虞美人の死

虞美人草は雛罌《ひなげし》粟の異名であるが、当の虞美人の死については『史記』に言及されなかった。清の呉永和の「虞姫」なる詩にも次のように詠まれる。

大王真英雄　（大王は真の英雄）
姫亦奇女子　（姫も亦た奇女子）
惜哉太史公　（惜しいかな　太史公）
不紀美人死　（美人の死を紀さず）

「大王」とは項羽、「姫」は虞美人。「太史公」とは、『史記』の撰者である司馬遷をいう。古来、虞美人の死について取り沙汰されることが少なくなかったようである。その死を記しとめなかったのは、史家の手落ちなのか、それとも故意に無視したものか等々。その記載の有無がまたロマンをかきたてる理由にもなっている。項羽の最期は虞美人によって有情可憐に彩られ、かつ男女の悲しい永訣を踏まえるだけに後世の人の心にたえず哀憐の情を投げかけてきたといってよい。

因みに、『楚漢春秋』（『史記正義』所引）には、虞美人が垓下で項羽の「抜山蓋世」歌に和したという歌が伝えられる。

漢兵已略地　（漢兵　已に地を略《をか》し）
四方楚歌声　（四方　楚歌の声）
大王意気尽　（大王　意気　尽きんとす）
賤妾何聊生　（賤妾　何ぞ生を聊《ねが》はんや）

垓下で漢の兵に包囲された項王。その項王に、楚の地がもはや略定されたかと錯覚させた四方から聞こえる楚歌の声。項王は意気消沈し、そのかたわらにある虞美人の、すでに死生を覚悟した姿はいたいけである。詩中に、虞美人の決意のほどがうかがいみえる。

六、項羽と義仲

かくて虞美人との辛い別れのあと、わずかな手勢で獅子奮迅しつつ敗走する項羽。『史記』「項羽本紀」の叙述のなかで、従う手勢の数的な変化が、時々刻々の激しい戦闘を端的に示して印象に強く残る。その勇壮な人馬一体となっての戦いには、あるいは『平家物語』を彩った木曽の旭将軍、源義仲の最期の雄姿が重なる。

義仲は、栄える平氏を尻目に源氏の声望をになった英傑の一人で、二歳で父義賢を失い、木曽の中原兼遠に養育された武勇の人。孤児的境遇と並々ならぬ武勇に源氏の声望、さらに加えて項羽に相似た閲歴をもつ。項羽が兵を挙げたのが二十四歳で、義仲の挙兵が二十七歳。やがて三十一歳で項羽が烏江で自刎して果てたのに対して、義仲が粟津で討死にするのも数えの三十一歳。敗将の死に方は異なったけれども、相似た環境や境涯は、誰もが共有できるものではない。まして『平家物語』の「木曽最期」には、巴なる美女の姿もあれば、義仲が愛乗する優駿、鬼葦毛の姿も認められる。義仲の最後のいくさに主従五騎の中まで残り、義仲に促されて名残のいくさを見せて戦場を離脱していく巴は、美しくも一騎当千の女武者で、死生を覚悟した楚々たる虞美人とは容質を異にはするが、二人はともに両雄を飾る典雅な花の存在にほかならない。

やがて乳兄弟の今井四郎兼平と主従二騎になった義仲は、自害を遂げるべく鬼葦毛を粟津の松原へ駆ける。ころは正月二十一日の入相ばかりという悪条件も重なって、薄氷の張った深田に打ち入れ、馬首も見えず、「あふれどもあふれども、打てども打てども動《はたら》か」ぬ鬼葦毛。義仲は不覚にも兼平の方をふりあおいだ隙に、内甲を射られて討死する。愛馬を烏江の亭長にはなむけとし、みごと自刎して果てた項羽と死にざまを異にするが、「木曽最期」には、もう一つの勇壮な死が待っていた。義仲の討死を知った兼平は、「日本一の剛の者の自害する手本」と、太刀先を口にくわえ馬からさかさまに飛び落ち、太刀に貫かれて死ぬ。義仲の分身的な兼平の勇壮な死によって、木曽の悲運の勇将、義仲の最期は、主従一対の二極化された美学の中に輝きを増している。その間、数字が有効に機能していることも「項羽本紀」のばあいと同様に注目される。

七、覇王別姫

烏江に死した覇王項羽は、その歴史空間を離れて変幻自在に勇姿を見せる。その時空を超えた出現は、文化大革命をからめた一九九三年の香港映画『覇王別姫（さらばその愛）』という近くの例にも認められる。覇王と虞姫の相思相愛に重ねられた、演じる役者間の情愛と相克。非業の死を遂げた項羽が後世に残したものは少なくなく、すがたかたちを変えて我々の心の中に生きている。その意味で、英傑、項羽はなおも死せず、というべきか。

そしてまた義仲に見る項羽の影は、決して他人の空似ではあるまい。謡曲「項羽」といい、『平家物語』といい、中国の項羽は遠い異朝に時世を隔てて英姿を見せる。項羽は、決して自国だけの英雄ではなかったといわねばならない。

■資料■　項羽と虞美人（『通俗漢楚軍談』繍図、沈香閣蔵版、明治十五（一八八二）年刊）

第八章

古典漢文と古文の比較文学的学習の試み
――劉邦と頼朝の英傑像を例として――

一、「漢文」を読む

「漢文」をどのように読み、理解するか。いわゆる「漢文訓読」は、日本語と文章構造の違う漢語で書かれた詩文を、日本の古典文法に基づいて翻訳する行為ということができる。それは、漢字だけの「白文」に句読点、返り点、送り仮名を付けるといった方法で行う。「返り点」は、漢文を日本語の語順に合わせて読むための符号であり、レ点、一・二点、一・二・三点、上・中・下点、甲・乙・丙・丁点、またそれらを組み合わせたものなどがある。それらの訓点に基づいて白文を漢字仮名交じりの文にしたものを「書き下し文」と呼ぶことはいうまでもない。

高等学校の学習環境を考えるとき、現行の学習指導要領下では、小学校高学年で「易しい古文や漢詩・漢文」による導入的な学習がなされ、中学校で故事成語、漢詩（唐詩）、論語などの教材を介して具体的に読み理解する学習に発展し、高等学校の古典漢文の教材には、詩文、史伝、思想、小説など多様な教材が盛り込まれて学習を深化していく。新学習指導要領では、国語科目が一新し、「我が国の言語文化に対する理解を深める学習の充実」（文部科学省「高等学校学習指導要領改訂のポイント」）には「言語文化」「文学国語」「古典探究」が当たる。こうした変更点をも視野に入れ、いわゆる古典教材における「古文」と「漢文」の融合的な学習を意図して、日中比較文学的な視点から一つの教材の可能性を問うてみたい。

二、劉邦の敗走と鳩杖

古典漢文の教材のなかで、司馬遷『史記』を出典とする「鴻門の会」「四面楚歌」「項王最期（項王自刎）」といったテキストは、多くの教科書に採用される定番的な教材であるが、その劉邦と項羽をめぐる漢楚興亡の正史の記載が存在するもう一方で、いわゆる稗史の空間にまた興味ある記載を見出すこともできる。

劉邦は漢楚興亡の戦いの末に前二〇二年、漢王朝を建て、秦の都咸陽の阿房宮（渭水の南岸）を基礎に新しい都城を造営し「長安」と命名した。やがて未央宮が造営され、都城はさらに拡大して「漢」の都として発展する。その建国にいたる栄光の軌跡にあって、劉邦が項羽に追撃され九死に一生を得たことを伝えた記事が存在する。北魏・酈道元撰『水経注』巻七「済水」所引の『風俗通義』（佚文、漢・応劭の撰）に目を向けたい。

　俗説、高祖与二項羽一戦二于京・索一、遁二于薄中一。羽追求レ之。時鳩止二鳴其上一。追之者以為必無レ人。遂得レ脱。及二即位一、異二此鳩一。故作二鳩杖一以扶レ老。

　（俗説に、高祖は項羽と京・索に戦ひ、薄の中に遁る。羽　追ひて之を求む。時に鳩其の上に止まりて鳴く。追ふの者以為《おも》へらく、必ず人無し、と。遂に脱るるを得たり。即位に及び、此の鳥を異とす。故に鳩杖を作りて以て老を扶けしむ。）

項羽と京・索に戦って追撃された劉邦は、身を隠した叢薄《くさむら》の上に止まって鳴く鳩に追撃の危機を救われたという。

「俗説」とはいえ、そこに現れる京・索の地に関しては、高祖二（前二〇五）年五月、滎陽に駐屯した漢王は韓信と会して兵大いに振るい、滎陽の南の京・索の間に戦ったことを正史は記す。いわゆる「京・索の戦」である。『史記』「高祖本紀」の高祖二年の条に「是を以て兵大いに滎陽に振るひ、楚を京・索の間に破る。」、『漢書』「高帝紀」上の高祖二年五月の条に「楚と滎陽の南の京・索の間に戦ひ、之を破る。」と、劉邦が項羽を破ったことを記載する。

これに対して『風俗通義』佚文の伝える劉邦が項羽に追撃されて危機を脱するとの記事は、両史書に共通する項羽を「破」ったとの記載の稗史的な意味をもつ。思うに、劉邦は結果的に項羽を打ち破りはするが、その戦いの過程で、一時的に撃退されて敗走した。「俗説」は劉邦の逃走過程における鳩の加護と「鳩杖」の由来を伝える。因みに、「鳩杖」については、『後漢書』「礼儀志」中に、

仲秋之月、県道皆案レ戸比レ民。年始七十者、授レ之以二王杖一、餔二之糜粥一。八十九十、礼有レ加レ賜。王杖長〔九〕尺、端以二鳩鳥一為レ飾。鳩者、不レ噎之鳥也。欲二老人不一レ噎。

（仲秋の月、県道　皆　戸を案じ民を比す。年始めて七十なる者、之に授くるに王杖を以てし、之に糜粥を餔《あた》ふ。八十・九十、礼に賜を加ふる有り。王杖長さ〔九〕尺、端に鳩鳥を以て飾りと為す。鳩なる者は、噎ばざるの鳥なり。老人の噎ばざらんことを欲すればなり。）

とある。この鳩鳥を飾った「王杖」の由来は、鳩が「噎ばざるの鳥」であることに依るという。この「王杖」と呼称されるものの始原は『風俗通義』佚文にいう劉邦の窮地を救った鳩に源流するようで、まさに劉邦が即位後に老者に「鳩杖」を賜ったことこそが「王杖」の称の由来となる。この「鳩杖」と「王杖」に関する文化史的な情報は劉邦という英傑の建国に関わる故事の考察にとって重要な意味をもつ。かつ「鳩杖」は日本にも受容されたことも確認される（後述）。

三、劉邦救難の稗史を読む

劉邦の危難を救った鳩に話題をもどせば、複数のバリエーションをもつ記載の存在が確認される。宋の『太平御覧』巻二十九所引の『三斉略〔記〕』（晋・伏琛の撰）には次のようにある。

滎陽有二免井一。漢沛公避二項羽追一、逃二於井中一。有二双鳩一、集二其上一。人云、沛公逃入レ井。羽曰、井中有レ人、鳩不レ集二其上一。遂下レ道、沛公遂免レ難。後漢世元日放鳩。蓋為レ此。

（滎陽に免井有り。漢の沛公（劉邦）項羽の追ふを避け、井中に逃る。双鳩有り、其の上に集《とま》る。人云ふ、沛公逃れて井に入る、と。羽曰く、井中に人有らば、鳩其の上に集らず、と。遂に道を下り、沛公遂に難を免る。後　漢の世　元日に放鳩す。蓋し此の為なり。）

項羽の吐いた「井中に人有らば、鳩其の上に集らず」とのことばが印象的である。それは『風俗通義』佚文にいう「時に鳩其の上に止まりて鳴く。追ふの者以為へらく、必ず人無し、と。」との推断に連なる項羽自身の言辞といってよい。また同じく宋の『太平広記』巻百三十五所引の『小説』（南朝宋の殷芸の撰）には、次のようにある。

滎陽南原上有二厄井一。父老云、漢高祖曽避二項羽於此井一、為二双鳩所一レ救〔為二双鳩一所レ救〕。故俗語云、漢祖避二時難一、隠二身厄井間一。双鳩集二其上一、誰知下有レ人。漢朝毎二正旦一、輒放二双鳩一、起二於此一。

（滎陽の南原上に厄井有り。父老云ふ、漢の高祖曽て項羽を此の井に避け、双鳩の救ふ所と為る〔双鳩の為に救はる〕、と。故より俗に語りて云ふ、高祖　時難を避け、身を厄井の間に隠す。双鳩其の上に集《とま》れば、誰か下に人有るを知らんや、と。漢朝　正旦毎に、輒ち双鳩を放つは、此に起こる。）

「双鳩」は単に二羽をいうのではなく、つがいの鳩を意味しよう。「双鳩其の上に集れば、誰か下に人有るを知るらんや」は、羽数に異同があるものの『三斉略〔記〕』の「井中に人有らば、鳩其の上に集らず」との言辞に通ずる記載である。

井戸の名称に着眼してみれば、「免井」といい、「厄井」という。「免井」は、危難を免れた井戸、「厄井」も災厄に遭った、あるいは災厄を逃れた井戸を意味する。父老、世俗の人々の相承であると同時に、いずれもが漢王朝における元旦の放鳩の起源となることを記している。ここに記される漢王朝の「放鳩」は、仏教伝来前のことで、その「放生」の精神に根差した行為とは異なる性質のものである。それは、漢王朝を建国した高祖劉邦の絶命のピンチを救済した鳩の功業を顕彰し、末永くその大恩に謝して忘れぬとの趣旨に基づくものである。

しかも、その救難の鳩は止まって鳴くものばかりではなかった。明の『説郛』（宛委山堂蔵版）弓第六十所引の『西征記』（晋の戴祚の撰）に目を向けてみる。

板渚津、津南原上有㆓厄井㆒。父老云、漢祖与㆑楚戦敗走。逃走、逃㆓此井㆒。追軍至、見㆘両鳩従㆓井中㆒出㆖。故得㆑免㆑厄。因名㆓厄井㆒。

（板渚津、津の南原上に厄井有り。父老云ふ、漢祖 楚と戦ひて敗走す。逃走して、此の井に逃る。追軍至るに、両鳩の井中従《よ》り出づるを見る。故に厄を免るるを得たり。因りて厄井と名づく。）

「厄井」の名称はすでに見えたが、その井戸の所在地は、滎陽といい、滎陽の南原上ともいい、ここでは板渚津（河南省汜水県の東）の南原上という。そして、追っ手が到着したとき、井戸の中から鳩が飛び出したというのである。鳩は追っ手のものものしさに驚き、にわかに飛び出したものでもあろう。この鳩の飛び出すさまを目撃した者は、よもや直前に井中に人が逃げ込んだとは思うまい。清の『淵鑑類函』巻三十四「地部」「井二」所引の『郡国志』（晋・袁山松撰）にもほぼ同様の記載がある。

以上は鳩のみの所伝であるが、鳩に加えて蜘蛛が関わる記事も存在する。宋の『太平御覧』巻百八十九所引の

『郡国誌《ママ》』には次のような記載がある。

堯井、在二汜水県東十五里一。漢高祖敗、項羽追レ之、入二此井一得レ免。見二井中一、有二双鳩飛出一、有二蜘蛛網一。因而得レ免。

（堯井は、汜水県の東十五里に在り。漢の高祖敗れ、項羽　之を追ふに、此の井に入りて免るるを得たり。井中を見るに、双鳩の飛び出す有り、蜘蛛の網有り。因りて免るるを得たり。）

項羽に敗れた劉邦は、この井戸に逃げ入って追撃を免れることができたという。その際、井中から二羽の鳩が飛び出し、かつ蜘蛛が巣を張った。そのさまを目の当たりにした項羽には、井戸を疑う余地はあるまい。井名を「堯井」とするが、「在汜水県東十五里」の所在地からすれば、厄井・免井に連なる相承である。加えて、清朝に纂修された地方志『滎陽県志』に載る次の記載である。

厄井在二県東北二十五里一。漢高祖与レ楚戦敗、遁二匿此井一。鳩鳴二其上一、蜘蛛網二其口一。追者至、以為無レ人、遂去。漢高祖因得レ脱。今井旁有二高帝廟一。井在二神座下一。俗称二蜘蛛井一。

（厄井は県の東北二十五里に在り。漢の高祖　楚と戦ひて敗れ、此の井に遁れ匿る。鳩　其の上に鳴き、蜘蛛其の口に網す。追ふ者至りて、以為へらく、人無し、と。遂に去る。漢の高祖　因りて脱るるを得たり。今井の旁に高帝廟有り。井は神座の下に在り。俗に蜘蛛井と称す。）

井戸の上に鳩が鳴き、蜘蛛がその口に巣をかける。高帝廟は追っ手の厄難を逃れ得た劉邦を顕彰する廟宇に違いなく、その神座の下に井戸があるという。この「厄井」の俗称「蜘蛛井」は、むしろその厄難を救った蜘蛛に着眼した呼称でもある。

以上の通り、鳩、鳩と蜘蛛という小動物が関わる記載が複数存在する。所伝としては、佚文とはいえ成書年代の早い『風俗通義』の鳩の例が先行するのか。鳩の動静や羽数、蜘蛛との連動など異同が少なくないが、何よりも興味深いのは、鳩が井戸の上に鳴き、あるいは飛び出し、蜘蛛が井戸の口にみごとに巣をかけるという重層的な記事である。追っ手の目を欺くのは、一つに鳩であり、また一つに蜘蛛の巣であり、両者が二重に目くらましの役を担ったことが明白である。両者を備えた『郡国誌』や『滎陽県志』のごときは、その一類の稗史の中でも妙味ある記載といえる。

劉邦の救難脱出にまつわる類似する記載であるが、その記載のどこにいかなる異同があるか。それぞれにどのように返り点を付けて、どのように書き下すか。微妙なバリエーションのなかで、いわゆる訓読の方法を模索しつつ対比的に的確に読むことは学習者の漢文を読むスキルの上達に有効であるように考える。

四、源頼朝の敗走と救難

井戸や洞穴などの遮蔽された空間に身を隠し、息をひそめて追っ手をやり過ごす。日本においても、身を隠す危難のなかで、鳩と蜘蛛に救われた英傑があったことも想起される。『平家物語』諸本のなかで、いわゆる読み本系テキストの『源平盛衰記』巻二十一「兵衛佐臥木に隠る附梶原佐殿を助くる事」には、源頼朝の世に名高い臥木（伏木）隠れの話題が展開する。

旗揚げ直後の石橋山の合戦で敗れ、わずかな手勢で敗走の憂き目に遭った佐殿（頼朝）は、土肥の椙山《すぎやま》に入り、やがて鵄《とび》の岩やという谷に降りてゆく。見渡せば、七八人ほどが入れる大きな臥木がある。佐殿に従ってその臥木の天河《うつぼ》に隠れた者は、土肥次郎実平、同男遠平、新開次郎忠氏、土屋三郎宗遠、岡崎四郎義真、藤九郎盛長の面々。その臥木の中で、盛長が、主従七騎の山籠りのめでたい先蹤を語って聞かせれば、

兵衛佐憑《たのも》しく思して、八幡大菩薩をぞ心の内には念じ給ひけり。

という折も折、入りこんできたのが大将頼朝を逃すべく高木の上で散々に射て、ついに矢種のつきた田代冠者信綱であった。佐殿と頬《つら》を合わせて、どうしたものかと嘆くところに、平家方の大場《(庭)》・曽我・俣野・梶原による大捜索がはじまる。

　大場・曽我・俣野・梶原三千騎山踏みして、木の本、萱の中に、乱れ散つて尋ねけれど見えざりけり。大場、伏《(臥)》木の上に登つて、弓杖《ゆんづゑ》をつき、踏みまたがりて、「正《まさ》しく佐殿はここまでおはしつるものを。臥木不審なり。空《うつぼ》に入つて捜せ、者共」と下知しけるに、大場がいとこに平三景時進み出でて、弓脇にはさみ、太刀に手かけて、伏木の中につと入り、佐殿と景時と真向《まつこう》に居向かひて、互に眼を見合せたり。

臥木の密室空間で景時と佐殿が遭遇する。その瞬間に何が起きたか。

　佐殿は、今は限りなり、景時が手に懸りぬと思しければ、急ぎ案じて、降《かう》をや乞ふ、自害をやすると思しけるが、如何《いかが》景時程の者に降をば乞ふべき。自害と思ひ定めて、腰の刀に手をかけ給ふ。景時哀れに見奉りて、「暫く相待ち給へ、助け奉るべし。軍《いくさ》に勝ち給ひたらば、公《きみ》忘れ給ふな。もし又、敵の手に懸り給ひたらば、草の蔭までも景時が弓矢の冥加《みやうが》と守り給へ」と申しも果てねば、蜘蛛の糸さと天河《うつぼ》に引きたりけり。景時不思議と思ひければ、かの蜘蛛の糸を、弓の筈・兜の鉢に引き懸けて、暇《いとま》申して臥木の口へ出でにけり。

「今は限りなり」と覚悟を決めた頼朝を哀れに見て、瞬時になされた故意の見逃し。景時は不思議と思いつつ天河にかかった蜘蛛の糸を弓の筈や兜の鉢にかけて外に出る。頼朝は、

　佐殿然るべき事と思しながら、掌《たなごころ》をあはせ、景時が後貌《うしろがほ》を、三度拝して、我世にあらば、その恩を忘れじ。縦《たと》ひ亡びたりとも、七代までは守らんとぞ心中に誓はれける。後に思へば、景時が為には、忝《かたじけな》しとぞ覚えたる。

と深く恩義に感じ入る一方、自陣に戻る景時。

平三（景時）、臥木の口に立ち塞がりて、弓杖を突きて申しけるは、「この内には、蟻・螻蛄《けら》もなし。蝙蝠は多く騒ぎ飛び侍り。土肥の真鶴《まなづる》を見遣れば、武者七八騎見えたり。一定《いちぢやう》佐殿にこそと覚ゆ。あれを追へ。」とぞ下知しける。

しかるに、なおも不審がる大場。

大場見遣つて、「彼も佐殿にてはおはせず。如何にも臥木の底不審なり。斧《おの》・鉞《まさかり》を取り寄せて切り破《わ》つて見るべし」と言ひけるが、「それも時刻を移すべし。よしよし景親入りて捜してみん」とて臥木より飛下りて、弓脇ばさみ、太刀に手かけて、天河の中に入らんとしけるを、

この自ら入らんとする大場に対して、平三景時は前に立ち塞がって、自分に不審を抱くかとやり返す。

平三立ち塞がり、太刀に手懸けて言ひけるは、「やや、大場殿。当時平家の御代なり。源氏軍に負けて落ちぬ。誰人か源氏の大将軍の首取つて、平家の見参に入れて、世にあらんと思はぬ者あるべきか。御辺《ごへん》に劣つてこの臥木を捜すべきか。景時に不審をなしてさがさんと宣はば、我々二心ある者とや。兼ねて人の隠れたらんに、かく兜の鉢、弓の筈に蜘蛛の糸懸《かか》るべしや。これを猶も不審して思ひけがされんには、生きても面目なし。誰人にもさがさすまじ。この上に押してさがす人あらば、思ひ切りなん。景時は」と言ひければ、大場もさすが入らざりけるが、

兜の鉢や弓の筈に懸かった蜘蛛の糸を盾に弁じ立てる景時に、さすがの大場も入るのを思いとどまるが、悔し紛れに弓を差し入れる。

猶も心にかかりて弓を差入れて打振りつつ、からりからりと二三度さぐり廻しければ、佐殿の鎧の袖にぞ当りける。深く八幡大菩薩を祈念し給ひける験《しるし》にや、臥木の中より山鳩二羽飛び出でて、はたはたと羽打《はうち》して出でたりけるにこそ、「佐殿内におはせんには、鳩あるまじ」とは思ひけれども、如何にも不審なりければ、

「斧・鉞を取り寄せて切つて見ん」と言ひけるに、さしも晴れたる大空俄かに黒雲引き覆ひ、雷《いかづち》おびただしく鳴り廻つて、大雨頻《しきり》に降りければ、雨やみて後破《わ》つて見るべしとて、杉山を引き返しけるが、大きなる石のありけるを、七八人して倒し寄せ、臥木の口に立塞ぎてぞ帰りにける。

大場の回した弓が頼朝の鎧の袖にあたる、とその瞬間、飛び出した二羽の山鳩。山鳩こそ「深く八幡大菩薩を祈念し給ひける験にや」という八幡神の使者に他ならない。羽打ちして飛ぶ山鳩の出現に、大場が「佐殿内におはせんには、鳩あるまじ」と思う胸中は、劉邦を追う項羽の「井中に人有らば、鳩其の上に集らず」との『三斉略〔記〕』流の推断に重なるものがなかろうか。

五、鳩と蜘蛛

かくて臥木隠れの危機を脱する頼朝であるが、天河にさっと張った蜘蛛の糸は景時の潔白を証する材料として機能し、なおも執拗に臥木を疑う大場の弓に応じて出現した山鳩二羽はまさに頼朝を窮地から救う。身の危険はひとたび回避されたが、果たして逃げのび得るのか。『源平盛衰記』には、この後に「聖徳太子椋《むく》の木《き》附天武天皇榎木《えのき》の事」を用意して、木の空洞で危難を逃れた先人の類話を挙げる。すなわち、第一に挙げたのは、聖徳太子が物部守屋と戦って敗れたとき、「道に大きなる椋《むく》の木あり。二つにわれて太子と馬とを木の空《うつほ》に隠し奉り、その木すなはち愈え合ひて、太子を助け奉」ったという話であり、第二に挙げたのは、天武天皇が壬申の乱に際して「かたはらに大きなる榎の木あり。二つにわれて天武を天河《うつぼ》に隠し奉つて、後に（大伴）王子を亡ぼして」即位に及んだという話である。

まさしく樹木の洞に危険を救われた有難き先例であり、頼朝の救難を暗示する話といえる。島津久基『羅生門の鬼[1]』所載の「伏木隠れ」は、『源平盛衰記』に見えるこの頼朝救難の一節を話題とする。これらの例を捉えるともに、「それよりももっと頼朝の伏木隠れにさながらの伝説は、蒙古成吉思汗《ジンギスカン》の上にも語られ、又、蜘蛛の糸の件は、スコットランド王ロバート＝ブルースの有名な逸話を想出させる。」と指摘し、「植物、特に樹木の空洞に危難を救われるというモーティウでは、聖徳太子・天武天皇・頼朝・成吉思汗皆一致し、又動物、特につばさのある小動物を、消極的なり積極的なり何等か神秘的な加護の表徴として徳とするモーティウでは、頼朝の山鳩、成吉思汗の梟、余古大夫の蜂（異型としてブルース王の蜘蛛）が相応じている。」と指摘する。

「動物」の内、蜘蛛に関していえば、中国においては、宋・趙葵の『行営雑録』に、宋王朝の建国に際して、いわゆる陳橋の変（九六〇）で趙匡胤が推戴された時、寺廟で斎を設けていた周の太后と幼主は、捜索の手を逃れるべく、和尚の助けによって閣中に身を潜める。すると、門の錠に蜘蛛が大いに巣を張ったので、捜索の兵馬は見過ごし、事無きを得たと伝える。

政変劇にあって、追われる者への蜘蛛の冥加を伝えた一話でもあるが、『源平盛衰記』における天河に張った蜘蛛の糸に加えて、山鳩二羽の出現。鳩は八幡神の使者であり、天河《うつぼ》の中で一心に八幡大菩薩を祈念する佐殿への応験であると説くが、景時が不思議と思った蜘蛛の糸は神のなせる加護のわざか。

手に汗握るスリリングな一節であるが、鳩に関しては、『源平盛衰記』巻二十「八牧夜討の事」に「同（治承四年）八月十五日、国々八幡の放生会も過ぎぬ。」と見え、『吾妻鏡』治承四年八月十六日の条の中には「十八日は、御幼稚の当初より、正観音の像を安置し奉り、放生を専らにせらるる事、多年を歴るなり、今更之を犯し難し。」との記載さえ存在する。この頼朝における放生と、劉邦の建てた漢王朝における放鳩と鳩杖。八幡神の使いである山鳩は、劉邦を救難した鳩に通じる。佐殿にとって、漢の高祖は遠く異朝の人とはいえ、天下統一の大いなる先駆者であったから、とりわけ鳩の冥加を語りその境涯を重ねることに大いなる意味があることは想像に難くない。記事としては、蜘蛛こそ登場しないが、山鳩二羽にこだわれば、双鳩が井上に鳴く『小説』あたりが受容の源泉か。該書は藤原佐世の『日本国見在書目録』にも著録されるが、鳩と蜘蛛が関わるとなれば、双鳩が飛びだす『郡国誌』の記載はとりわけ『源平盛衰記』に通じるものがある。また見逃しの推断の言辞では『三斉略〔記〕』の記載が似るか。いずれにしても、八幡信仰が基底にあればこそ、劉邦の救難に関わるモチーフが格好最適の材と発想されたに相違ない。

かくて『源平盛衰記』は「兵衛佐臥木に隠る附梶原佐殿を助くる事」の直前の「高綱姓名を賜はる事」に「紀信高祖の名を仮る事」なる中国故事を附帯させ、劉邦の身代わりとなって死んだ紀信を引いて劉邦の像を頼朝に投じ、石橋山敗戦後の「臥木隠れ」の後段には「聖徳太子椋の木附天武天皇榎木の事」を用意して、木の空洞で危難を逃れた聖徳太子と天武天皇の先蹤話を挙げて、頼朝の救難を暗示した。

頼朝の臥木隠れの話容は、常套的な故事的引用の手段は取らず、不可視の内に、劉邦ゆかりの救難の故事を換骨奪胎して、雄飛に転ずる英傑像を案出したといえまいか。江戸末の岡田挺之の『彼此合符』は、この『源平盛衰記』の記事に対して、『風俗通義』佚文（『芸文類聚』巻九十二「鳥部下」「鳩」から引く）を配列して、日中好一対の事象とする。しかるに、それは単に類比類似する事象であったのではなく、中国故事の日本的受容の痕跡を孕んだものであったと考える(2)。

劉邦の救難にまつわる稗史の読解を承けて、頼朝の話譚における中国の学問文化の摂取と受容を多角的に思考するに足る。漢文と古文を対比的に学び、中国からの文学的な受容を探る一つの教材としての可能性を提言したい。

六、鳩杖余話

翻って「鳩杖」は一衣帯水の日本にも伝来し、菅原道真（八四五〜九〇三）「九日侍宴、同賦天錫難老。応製。并序。（九日　宴に侍りて、同じく天　老い難きを錫《たま》ふといふことを賦す。製に応ず。序を并せたり。）」（『菅家文草』巻二）の「序」に、

鳩杖旧在、誰見有扶持之用。（鳩杖旧より在るも、誰か扶持の用有ることを見るや。）

また、大江匡衡（九五二〜一〇一二）「寿考（寿考）」（『本朝文粋』巻三）に、

鳩杖後立、更謝祝噎之対、（鳩杖の後ろに立ちて、更に祝噎の対に謝し、）

爵位高登、終有致仕之請。（爵位　高く登りて、終に致仕の請有り。）

のように詠出されるのをはじめ、建仁三（一二〇三）年十一月二十三日、後鳥羽上皇が二条御所で藤原俊成の九十祝賀の宴を催した折に、普賢寺関白基通が記した「俊成卿九十賀記」には、銀で竹形に作られた「鳩杖」が記される[3]。

其北置鳩杖。以銀作之。件杖竹形也。其上居鳩也。有一枝二葉。件葉書和歌。有家朝臣詠之。（其の北に鳩杖を置く。銀を以て之を作る。件《くだん》の杖は竹の形なり。其の上に鳩を居くなり。一枝二葉有り。件の葉に和歌を書く。有家朝臣　之を詠む。）

近代にいたっては、昭和四十年（一九六五）十月十五日、吉田茂（一八七八〜一九六七）の米寿の祝いに昭和天皇が下賜したことが知られるが、明治、大正、戦前にさかのぼれば、黒田清綱（明治四十二年四月六日）、大隈重信（大正六年三月三十一日）、板垣退助（大正六年三月　三十一日）、山県有朋（大正六年三月三十一日）、浅野長勲（大正十

年四月二十三日）、井上馨（大正十三年一月九日）、東郷平八郎（大正十五年一月四日）、西園寺公望（昭和三年一月四日）、山本権兵衛（昭和六年一月十六日）、高橋是清（昭和十年一月四日）、若槻礼次郎（昭和二十年一月十五日）に下賜されている。因みに、傘寿（八十歳）となる大隈重信に贈られた宮中杖は、象牙に鳩を彫っている(4)。

この日本の受容を考えるに、古く『続日本紀』文武四（七〇〇）年正月癸亥十三日の条には、多治比島（六二四～七〇一）に文武天皇が「霊寿杖」と「輿𠊳」を下賜したことが記される。

癸亥、有詔。賜左大臣多治比真人島霊寿杖及輿𠊳。優高年也。（癸亥、詔有り。左大臣多治比真人島に霊寿杖及び輿𠊳を賜る。高年を優するなり。）

同じく『続日本紀』神亀二（七二五）年十一月己丑十日には、

十一月己丑。（略）是日、大納言正三位多治比真人池守賜霊寿杖并絁綿。（十一月己丑。（略）是の日、大納言正三位多治比真人池守　霊寿杖并びに絁綿を賜る。）

多治比池守（?～七三〇）も父の二十五年後に、「霊寿杖」ならびに「絁《つむぎ》」と「綿《まわた》」を賜ったことを記す。池守は実権を握った藤原不比等（六五九～七二〇）に忠実に仕え、その死後には長老格として重用された。長屋王の変（七二九）に際しては、糾問使として長屋王の邸に赴き、翌日長屋王は自刃におよんだことが知られる。

「霊寿杖」の記載は『漢書』孔光伝に先例が見え、『続日本紀』にはこの二例をみる。「霊寿」は木の名といい、多治比島の条文に「高年を優するなり」とある。高齢者に対する有難い思し召しに他ならず、その恩賜の趣旨に思いをいたせば「鳩杖」の意匠を加えた装飾もまた想起される。

劉邦を救済した鳩とそれに起源する鳩杖は、日本の文化史にも交流の足跡を留めることが明らかである。そして日本の源頼朝の英傑像には中国の漢の高祖劉邦にまつわる故事的な血流が脈打つことを確認して結びとしたい。

注

（1）昭和四年六月、新潮社刊。「国民伝説二十三話」と副題する。一九七五年三月、平凡社刊「東洋文庫（二六九）」版による。

（2）堀誠「劉邦と頼朝―『源平盛衰記』椙山臥木救難考―」（『日中比較文学叢考』所載、二〇一五年九月、研文出版刊）の論考を参照されたい。

（3）『俊成卿九十賀記』の末尾に「百歳に近づく坂につきそめていま行末もかかれとぞ思ふ」なる有家朝臣の「杖歌」を記す。鳩杖の一枝二葉に書かれたものである。なお、矢野憲一『杖』（一九九八年十月、法政大学出版局刊）第三章「杖の民俗学」の「お祝いの杖」「宮中杖と殿中杖」「鳩の杖」を参照。日中の鳩杖に関する考察を展開する。

（4）「早稲田のたからもの―大正天皇より下賜された宮中杖（鳩杖）―」（『早稲田学報』二〇一一年八月号）の写真による。宮中杖（鳩杖）は全長八十七cm。

資料

鶴岡八幡宮の扁額

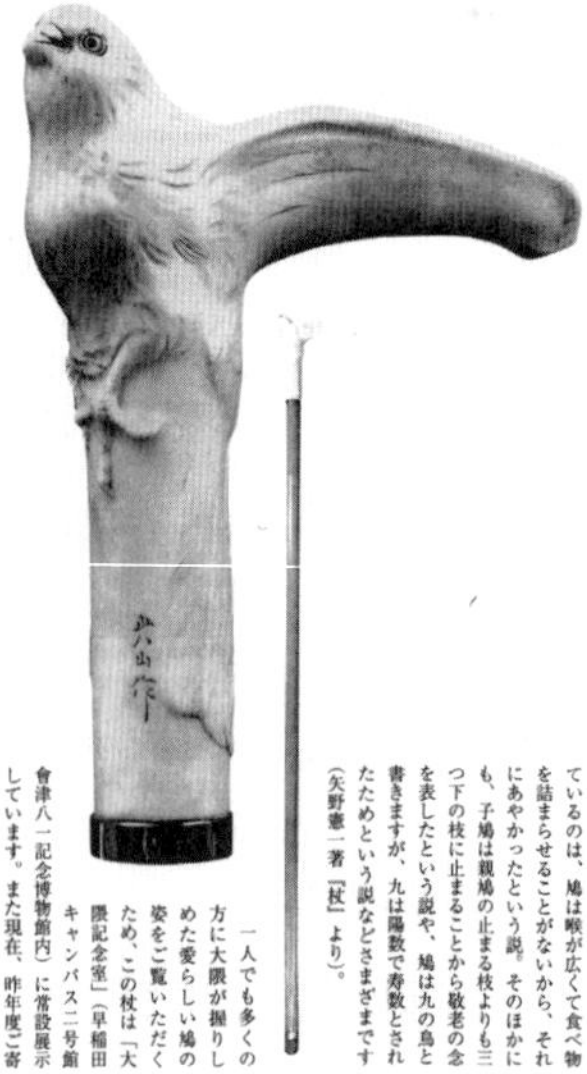

ているのは、鳩は喉が広くて食べ物を詰まらせることがないから、それにあやかったという説。そのほかにも、子鳩は親鳩の止まる枝よりも三つ下の枝に止まることから敬老の念を表したという説や、鳩は九の鳥と書きますが、九は陽数で寿数とされたためという説などさまざまです（矢野憲一著『杖』より）。
一人でも多くの方に大隈が握りしめた愛らしい鳩の姿をご覧いただくため、この杖は「大隈記念室」（早稲田キャンパス二号館會津八一記念博物館内）に常設展示しています。また現在、昨年度ご寄

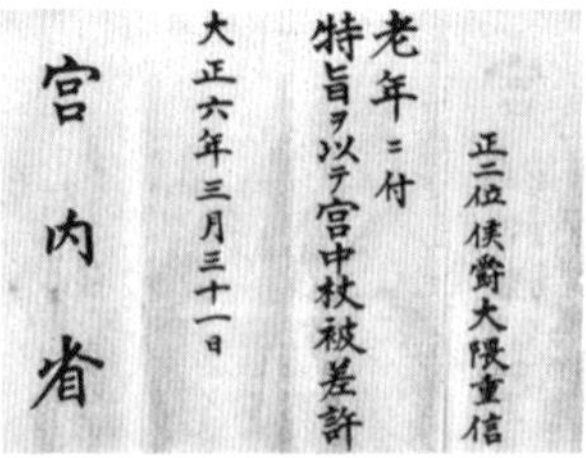
正二位侯爵大隈重信
老年ニ付
特旨ヲ以テ宮中杖被差許
大正六年三月三十一日
宮内省

大隈重信の「鳩杖」

第四部〔文化と言語〕

第九章

日中「鶏鳴」談義

上野の不忍池は、江戸歩きの観光名所の一つになっている。そもそも東叡山寛永寺が、寛永二（一六二五）年に慈眼大師天海によって江戸の鬼門を守護するため京都の比叡山延暦寺にならって創建されるにあたり、琵琶湖に見立てた不忍池には小島を築いて竹生島宝厳寺の弁才《〔財〕》天を勧請して弁天堂が建立された。現在の弁天堂は、昭和三十三（一九五八）年に再建されたものになる。

この弁天島の近辺は、さまざまな供養碑で賑わっている。「不忍池」碑はもとより、明治百年を記念して昭和四十三（一九六八）年に建立された「めがねの碑」、日時計をあしらった「暦塚」、三味線の糸を供養する「いと塚」に加えて、「ふぐ供養碑」「魚塚」「すっぽん感謝の碑」「鳥塚碑」といった食材となる動物類を供養する碑類が並ぶ。「鳥塚碑」は、諸々の鳥類の霊を供養する目的で昭和三十七（一九六二）年に建立された。供養主は、東京食鳥鶏卵商業協同組合・東京都食鳥肉販売業生活衛生同業組合・日本食鳥協会関東支部東京都小売部会の三団体。さらに上豊調理師会の建立になる「包丁塚」もある。包丁は庖丁と書いて、古代の著名な料理人、転じて料理人をいい、日本では調理道具の包丁をいう。動物の生命をいただき生活する中に芽生えた感謝と供養の精神文化を見ると同時に、そうした精神が動物ならざる道具類にも注がれる奥行きの深さをも示している。

思い起こせば、森鷗外『雁』弐拾弐には、動物の「物の哀れ」が底流する話題が展開する。下宿屋の晩飯の膳にのった青魚の味噌煮に閉口し、隣の岡田を誘って外出して、不忍池の北の方へ行く小橋を渡った先で「やあ」と声をかけてきた石原といっしょになって不忍池の池辺に立つ三人。葦や蓮の枯れ葉や茎の間の水面をゆるやかに往来する十羽ばかりの雁。中には停止して動かぬものもある。石田が「あれまで石が届くか」と岡田の顔を見れば、「届くことは届くが、中《あた》るか中らぬかが疑問だ」と返す岡田。「遣つて見給へ。」と石田がいえば、「あれはもう寐るのだらう。石を投げ附けるのは可哀さうだ。」と躊躇する岡田。「さう物の哀を知り過ぎては困るなあ。君が投げんと云ふなら、僕が投げる。」と笑いかける石田に対して、岡田は不精らしく拾った石を「そんなら僕が逃がして遣る。」と投げる。つぶてはひゅうというかすかな響きをたてて飛んで、一羽の雁がもたげていたくびをぐったりとたれた。「中つた」と声を上げた石田は、「あの雁は僕が取つて来るから、其時は君達も少し手伝つてくれ給へ」とことばを継いで、「其時居合せて、僕の頼むことを聴いてくれ給へ。雁は御馳走するから」と誘えば、「面白いな」と岡田。

かくて三十分後に再集合した三人は、闇に紛れて得物をめでたく手にし、岡田の大きい外套の下に入れると、石原と僕が岡田を中にはさんで歩き、無縁坂下の四辻にある交番、坂の中ほどに立って見ているお玉の姿を認めつつ通り過ぎ、その晩は夜の更けるまで雁を肴に酒を飲む石原の相伴をして明かした。

雁は「物の哀れ」の対象そのものとなりながら、三人の胃袋に収まったという仕儀。いま不忍池に建立される「鳥塚碑」と重ねると、その碑に往時の「雁」の哀れなイメージがシンクロして眩しい輝きを放って見える。

一、「鶏鳴」の詠歌

「鳥塚碑」の供養の中心は、鶏肉鶏卵すなわちニワトリが対象となる。ニワトリはキジ目キジ科ニワトリ属の鳥類で、いわゆる家禽としてなじみ深い。その飼育の目的は、時を知らせる「報晨」はもとより、闘鶏、愛玩観賞といった多面性をもち、今日的には採卵・食肉などの食料的な意味が主要なものにもなっている。

「報晨」は、「鶏鳴」すなわち鶏が夜明けを報じて鳴く習性によるものである。「鶏鳴」は日中の文学の世界において多様に詩歌に詠まれ、詩文を機能している。中国古代のアンソロジー『詩経』「斉風」には、男女の恋愛に関わる「鶏鳴」の所詠がある。

鶏既鳴矣（鶏既に鳴きぬ）
朝既盈矣（朝既に盈《み》ちたり）
匪鶏則鳴（鶏の則ち鳴くに匪《あら》ず）
蒼蠅之聲（蒼蠅の声なり）

夜が明け太陽が昇り、鶏が鳴く。陽光が次第に満ちて清新な朝が訪れる。夜を過ごした男女は夜明けとともに日常普段の労働と生活に戻るが、その合図ともいえる「鶏鳴」を曙光前に動きはじめた「蒼蠅」の声と否定する字句には、寸暇を惜しむ男女の離れ難い思いが表れている。第二聯には、明けそめた東方にいよいよ朝の陽光が溢れるが、夜明けならず「月出づる光」と詠ずる。また、同じく「鄭風」「女曰鶏鳴」には、

女曰鶏鳴（女曰く、鶏鳴くと）
士曰昧旦（士曰く、昧旦なりと）

子興視夜　（子興《お》きて夜を視よと）
明星有爛　（明星　爛たる有りと）
将翺将翔　（将《は》た翺《かけ》り将た翔《と》ばん）
弋鳧与鴈　（鳧と鴈を弋《と》らんと）

「鶏鳴」に夜明けを知覚する女に、「昧旦」の語を返す士《おとこ》。士に起きて目で確かめさせれば、明けの明星が輝く。いざ夜明けに飛び立つ鳧《かも》と雁を捕獲しようと詠む。「昧」は「日」と「未」からなる形声文字で、「未」は「微」に通じ、太陽が微《かす》かな状態を表す。「旦」は「日」と「一」（地平線、水平線）」との会意文字で、日が昇って間もないときを意味する。「鶏鳴」は太陽の有無、すなわち夜分と平明を分界する指標になり、休息と労働の時間の境界に他ならない。

日本の『万葉集』には「鶏《とり》が鳴く」が「東」を導く枕詞として機能する詠作がある。

・（略）天の下　治めたまひ　食《を》す国を　定めたまふと　鶏が鳴く　東《あづま》の国の　御軍士《みいくさ》を　召したまひて（略）（高市皇子の尊の城上《きのへ》の殯宮の時に、柿本朝臣人麻呂の作る歌一首并せて短歌」199）

・鶏が鳴く　東の国に　高山は　さはにあれども（略）（「筑波の岳に登りて、丹比真人国人の作る歌一首并せて短歌」382）

・（略）鶏が鳴く　東の国の　恐《かしこ》きや　神のみ坂に　和《にき》たへの　衣《ころも》寒らに　ぬばたまの　髪は乱れて（略）（田辺福麻呂「足柄の坂に過るに、死に人を見て作る歌一首」1800）

・鶏が鳴く　東の国に　古《いにしへ》に　ありけることと　今までに　絶えず　言ひける　葛飾の　真間の手児名が　麻衣《あさぎぬ》に　青衿《あをくび》着け（略）（高橋虫麻呂「葛飾の真間の娘子《をとめ》を詠む歌一首并せて短歌」1807）

・息の緒に　我が思ふ君は　鶏が鳴く　東の坂を　今日か越ゆらむ（作者不明　3194）

・（略）金《くがね》かも　たのしけくあらむ　と思ほして　下悩ますに　鶏が鳴く　東の国の　陸奥《みちのく》の　小田なる山に金ありと　申《まう》したまへれ　御心を　明らめたまひ（略）（大伴家持「陸奥国に金を出だす詔書を賀《ほ》く歌一首并せて短歌」4094）

・鶏が鳴く　東をさして　ふさへしに　行かむと思へど　よしもさねなし（「越前国掾大伴宿禰池主の来贈する戯れの歌四首」第四首　4131）

・（略）鶏が鳴く　東男《をのこ》は　出で向かひ　顧みせずて　勇みたる　猛き軍士《いくさ》と　ねぎたまひ（略）（「防人が悲別の心を追ひて痛み作る歌一首并せて短歌」4331）

・鶏が鳴く　東男の　妻別れ　悲しくありけむ　年の緒《を》長み（「右、二月八日、兵部使少輔大伴宿祢家持」4333）

古代日本にあって、「東」は日出づる処の方位に他ならず、その「東」の方位に位置する国や事物を導き出し象徴するものであった。

遠妻と手枕交へて寝たる夜は鶏がねな鳴き明けば明けぬとも（「柿本朝臣人麻呂歌集」2021）

男女の逢瀬を詠じては「鶏がね」を禁じて別れを惜しむ豊かな情愛の迸る作もあった。

時代的にそれより新しくなるが、興味深いのは『源氏物語』「帚木」の、源氏が空蝉と初めて契った直後の場面である。

鳥も鳴きぬ。人々起き出でて、「いといぎたなかりける夜かな」「御車引き出でよ」など言ふなり。

「鳥も鳴きぬ」は、いわゆる「鶏鳴」をいったもので、それは睦みあう男女の別れの時の合図といってよい。夜のとばりのなかで恋を、愛を語らう甘美な時空から日常の生活の場への変転は、つれない鶏鳴によって現実化される。その変転は、『詩経』の詩篇にも通じるもので、そこには鶏鳴の真偽を男女が確める姿がうかがえた。ところが『源氏物語』では、「人々起き出でて」と源氏・空蝉ならざる第三者が起床する動きを描く。この「鳥も鳴きぬ」

は、当事者となる男女にとらわれないクールな場面の転換の着想になると考えられる。「鶏鳴」の語の意味背景を熟知するなかで発想された日本的文辞における特別な表現と理解できる。[1]

二、「鶏鳴狗盗」の故事

「鶏鳴」の語は、孟嘗君（田文）ゆかりの「鶏鳴狗盗」の歴史的故事をもってとりわけ知られる。中国戦国時代の斉の孟嘗君が、秦の昭襄王に宰相として招かれながら囚えられたとき（前二九九）、王の寵姫にとりなしを頼み、謝礼として狐白裘を要求されたが、先に王に献上してしまったため、孟嘗君はイヌのごとくに盗みのうまい食客にこれを盗ませ、寵姫に献上して難を逃れた。かくて要衝として天下に名高い函谷関に逃げいたっては、夜明けまで開かぬ門を前にして、ニワトリの鳴きまねの上手な食客の声音で難なく門は開き、無事に脱出を果たした。『史記』「孟嘗君伝」の伝えるところである。この脱出劇は、展開の時系列を逆にして「鶏鳴狗盗」の四字で熟語化する。「鶏鳴」はニワトリの鳴きまねで人を欺き、「狗盗」はイヌのように忍び込んで物を盗むことを表す。引いてはつまらぬことしかできない下賤な者、取るに足りない小人物でも使い方で役に立つといった意味でも用いられる。

この「鶏鳴狗盗」の故事は「鶏鳴」と「狗盗」の二事がセットになるが、単体で「鶏鳴」が文学に機能することも少なくなく、日本の清少納言『枕草子』百三十九段にはその故事を受容した事例が認められる。

藤原行成（九七二～一〇二八）が中宮職《しき》の曹司《ぞうし》で歓談して夜もだいぶ更けて、「明日御物忌なるにこもるべければ、丑になりなば悪しかりなん（明日は主上の御物忌みで籠もらなければならないので、丑の刻（午前二時）になるとまずいだろう）」と退散していった翌朝の話題に注目したい。能筆の行成が「後のあしたは残り多かる心地なんする。夜を通して昔物語も聞え明さんとせしを、鶏の声に催されて（きぬぎぬの朝は心残りが多い気持ちがします。

夜を通して、昔話をお聞かせして夜を明かそうとしましたが、鶏の声に急き立てられて）」と蔵人所の料紙で書いた手紙の手跡を「いといみじう清げに」と評する一方、内容は「裏表に事多く書き給へる（事実とは裏腹なことをたくさん書いておられる）」行為そのものを、「いとめでたし」と評価する。その返事に、

いと夜深く侍りける鶏のこゑは、孟嘗君のにや。

と書いたところ、行成は、

孟嘗君の鶏は函谷関を開きて三千の客わづかに去れりといふは逢阪の関の事なり。

と返してきた。「鶏鳴狗盗」の「鶏鳴」がポイントとなり、函谷関に逢坂の関が絡められている。逢坂の関は、言わずと知れた男女相会に関わる歌枕に他ならない。その関所を向けてきた行成に対して、

夜をこめて鳥の空音ははかるとも世に逢阪の関は許さじ。

心賢き関守侍るめり。

と返す。「空音」は、うその鳴き声。転じて実のない知らせに他ならず、逢坂の関は函谷関と違ってあだや疎かには夜明け前の通行を許さないと詠じてやれば、

逢阪は人こえやすき関なればとりも鳴かねどあけてまつとか

難所の函谷関に対して逢坂の関は越えやすいから、鶏鳴を待つまでもなく開門して来往を待ち受けていると伝聞調で返す。手紙の主たる藤原行成は「三蹟」の能書家で知られる人だけに、最初のは僧都の君（定子の弟）、後の手紙は定子に差し上げると、「さて逢阪の歌はよみへされて、返しもせずなりにたる、いとわろし」と笑いなさったという。

函谷関と逢坂の関の中日競演になる一段であるが、清少納言の漢才とともに、関所をめぐる情愛の駆け引きのなかに日本的受容と発想の空間が垣間見える。

三、「鶏鳴」と日の出

そもそも「鶏鳴」と日の出の関係はいかにあるか。中国において、『芸文類聚』巻九十一所引の郭璞が著した『玄中記』には次のようにある。

東南有桃都山。上有大樹、名曰桃都。枝相去三千里。上有天鶏、日初出、光照此木、天鶏即鳴、天下鶏皆随之。（東南に桃都山有り。上に大樹有り、名づけて桃都と曰ふ。枝相ひ去ること三千里。上に天鶏有り、日初めて出でて、光此の木を照らさば、天鶏即ち鳴き、天下の鶏　皆　之に随ふ。）

桃都山の上に大きな木があり、木の上に「天鶏」がいる。太陽が昇り、光がこの木を照らすや、「天鶏」が鳴きはじめ、「天鶏」に従って天下の鶏が鳴く。これに類する日の出と鶏鳴との関係性は、『太平御覧』巻第九一八「羽族部」五「鶏」に引く『春秋説解辞』にも確かめられる。

鶏為積陽、南方之象。火、陽精、物炎上。故陽出鶏鳴。以類感也。（鶏　積陽為《た》り、南方の象なり。火は、陽の精にして、物炎上す。故に陽出でて鶏鳴く。類を以て感ずるなり。）

「天鶏」は現れないものの、「太陽が出て鶏が鳴く」という関係性が確認できる。また『文選』巻三十に所載の陸機「擬今日良宴会」にも、

譬彼伺晨鳥、揚声当及旦。（彼の晨を伺ふ鳥に譬ふるに、声を揚ぐるは当に旦に及ぶべし。）

とある。李善注に『尸子』を引いて、「使鶏伺晨。（鶏をして晨を伺はしむ。）」、かつ『春秋考異郵』を引いて、「鶴知夜半、鶏応旦明。明与鳴同。古字通。（鶴は夜半を知り、鶏は旦明に応ず。明は鳴と同じ。古字通ず。）」という。「伺晨鳥」は早晨の到来を報じる鳥に他ならず、「旦明」すなわち夜明けに及んで声を揚げるとの意味を表す。

これらの複数の記載を基礎におけば、函谷関の関守が鶏鳴を聞いて開門の時間と誤認したのも、鶏は太陽が出て初めて鳴くとの認識に支えられたもので、かくて食客の「鶏鳴」、あるいはその声に誘われた「鶏鳴」に日の出を疑うこと無く開門して通行を許したことは否めない。その「鶏鳴」に対する認識は中国のみならず、日本においても通用するものと考えられる。

日本において「鶏鳴」といえば、『古事記』『日本書紀』の天の岩屋戸の伝承で常世の長鳴鳥が果たした役割が想起される。『古事記』『日本書紀』には、弟の須佐之男命（素戔嗚尊）が狼藉をふるったことに恐れをなした天照大御神（天照大神）が天の岩屋戸（磐戸）に籠もってしまい、高天の原は暗くなって永久の夜となった。まさに太陽の光を失ったなかで、思金神《おもひかねのかみ》（思兼神）は常世の長鳴鳥を集めて鳴かせ、準備が整うと、天宇受売命（天鈿女命）が踊りはじめ八百万の神がどっと笑った。天照大御神（天照大神）は闇夜のはずなのに長鳴鳥が鳴き歓喜哄笑する外の様子を怪しみ、岩屋の戸を少し開いた隙に、『古事記』では天宇受売命があなたより尊い神がいると誘って天児屋命《あめのこやねのみこと》と布刀玉命《ふとたまのみこと》が鏡を出して見せると、天照大御神自身の姿が映る。不思議に思った天照大御神が少し出てのぞいたところを、天手力男神《あめのたぢからをのかみ》と布刀玉命が引き出し、闇から解放される。『日本書紀』では外の様子を不思議がった天照大神が磐戸を開けてのぞくと、手力雄神が手を取って引き出す。

「長鳴鳥」については、『漢書』巻六十三「武五子伝」の「昌邑哀王」に、

賀到済陽、求長鳴鶏。（賀　済陽に到り、長鳴鶏を求む。）

とある記事に注目したい。劉賀（昌邑王）は、昌邑哀王の子で、漢の武帝の孫にあたる。後元元（前八八）年に父が亡くなり、その子劉賀が後を継いで十三年目に、昭帝が崩じる。その時、昭帝に子がなかったため兄の息子である劉賀が都に召され、一時即位した。その途中で「長鳴鶏」を求めたのである。「長鳴鶏」に顔師古が注して、

鳴声長者也。（鳴き声の長き者なり。）

とある。劉賀が「長鳴鶏」を求めた理由は、いわゆる「日知り」に関わるに相違ない。時刻を知り、天候を知り、農事を勧めることは帝王に必須のものである。

思金神（思兼神）が闇夜のなかで鳴かせた「長鳴鳥」は「長鳴鶏」に異ならず、その鳥を鳴かせたこと自体が詐術といってよい。なぜならば、すでに中国文献に見たとおり、鶏は太陽が出て初めて鳴くに他ならないからである。天照大御神が外の様子を不思議がったのも、太陽が出なければ鳴くはずのない長鳴鳥が鳴き、神々の歓喜哄笑の声が聞こえた事実にあった。その天照大御神の思考の前提を崩したのが、思金神（思兼神）が長鳴鳥を集めて鳴かせた行為といわざるを得ない。[2]孟嘗君の脱出劇における「鶏鳴」を能くした食客さながらの技量を所持した存在といえる。鳴きまねも思金神（思兼神）の知謀術数の範疇にあったものかも知れない。

四、中国現代革命小説と「鶏鳴」

日が出る前に鳴く鶏は、いわばフライングを犯した早鳴き鶏である。東雲に鳴き初める一番鶏もそれに属する。中国の現代革命小説における『高玉宝（夜中に鳴くニワトリ）[3]』は、中国人民解放軍の兵士で作家の高玉宝（一九二七~二〇一九）の作（一九五一年初稿）として知られる。解放前の中国東北地方の貧しい農家に生まれ、九歳で地主周扒皮（しぼり屋の周）の豚飼いとなった作家自身の自伝的小説である。その第九章「半夜鶏叫（夜中に鳴くニワトリ）」で、腹をこわしていた高玉宝は寝て間もなく便所に起きた帰りがけに、ニワトリ小屋に人影を発見し、どんな男がニワトリ泥棒に来たのか見てやろうとしゃがみ込む。男はニワトリを盗むでもなく、雄鳥の時を作るまねをすると、牛小屋の方にやってくる。男が擦ったマッチの光のなかに照らし出されたのは、周扒皮その人であった。

啊！　原来是周扒皮、半夜三更什麼鶏叫、原来都是老家伙搞的鬼！（アッ！　しぼり屋の周だったのか、真夜中にどうして鶏が鳴くのか、もともとこのじいさんの仕組んだカラクリだったのか。）
彼が時を作っただけならまだしも、

周扒皮這一啼明不要緊、籠里鶏叫喚起来、全屯的鶏也都叫喚起来。（しぼり屋の周の一鳴きだけならよかったものを、小屋のニワトリが鳴き始め、村中のニワトリも鳴き出した。）

小屋のニワトリから村中のニワトリに瞬く間に鳴き声が広がる。日が暮れて疲れ切ってようやく帰り着いた作男たちは、休む間もなく雄鳥の声とともに、周扒皮に駆り立てられて仕事場に向かわざるを得なかった。日々の休息をも搾取する「鶏鳴（鶏叫）」のカラクリを目の当たりにした高少年は、畑に出かける道々、目撃した鶏鳴の秘密を話す。二、三日して棍棒を用意した作男たちは、ニワトリ小屋で高少年の「泥棒」の叫び声にあわせて周扒皮に殴りかかる云々。

この「鶏鳴」をめぐる詐術については、『高玉宝』に次のようにも記す。

這個学鶏叫、是他們老周家起家的法宝呀。従周扒皮的老祖太爺子起、就有人説周家有這一手、一直伝到周扒皮這一輩。（このニワトリの鳴き声をまねることは、彼ら周家が身代をつくる秘術であった。しぼり屋の周の祖先となるひい爺さんから、周家にこの手法があって、しぼり屋の周の代までずっと伝わったということだ。）

一家相伝の搾取の秘伝が存在したとの記載は、労働に関わる人知を越えた悪徳の所業の暴露だけにひどく驚かされる。ここに革命文学の一つの使命を知る。

五、鶏鳴のアヤ

「鶏鳴狗盗」と『枕草子』、天の岩屋戸の伝承、『高玉宝』の「半夜鶏叫」といった日中古今の話題を考察してきたが、「鶏鳴」は、身近な家禽の鳴き声になる。その声に関する認識も文献的に確認してみると、鳴きはじめるタイミングの理解が重要な鍵《ポイント》にもなり、文学空間のアヤも洗い出される。何気ない「鶏鳴」にも文化的な意味や生活上の知恵が秘められていることが明らかである。『孟子』「尽心上」に「鶏鳴にして起き（鶏鳴而起）」、「孳孳として善を為す者」を舜の徒、「孳孳として利を為す者」を盗蹠の徒とする言説もある。日本において鶏は多義的な供養の対象ともなってきた。これらをも含めて、十二支の動物の観点からもあらためてニワトリの周辺を考察してみる必要もある。

注

（1）中野幸一「『源氏物語』の表現方法―短文表現と再叙表現―」（『学術研究―国語・国文学編―』、昭和六十二年（一九八七）十二月、早稲田大学教育学部教育会刊）において、この「鳥も鳴きぬ」の短文に着眼する。「女への同情がいつしかいとしさに変容していく源氏の心情と、悔悟し懊悩しつつも次第に身を寄せていく空蝉の無意識な陶酔とが、この時空には漂っていると思われる。この推量表現によって生じた甘美な空隙を破るかのように『鳥も鳴きぬ』という一文が置かれる時、この短文のもつ効果は決して小さくないであろう。『鳥も』と併列の『も』を用いて、すでに夜明けの風情が若い二人の周囲に漂いはじめていることを感知させる。言うまでもなく夜明けを告げる鶏鳴は、古来相逢う男女の別れの時の合図である。（略）」との考説が展開される。

（2）趙倩倩「記紀の『長鳴鳥』説話について―鶏鳴と太陽の関係を中心に―」（『解釈』第六十二巻十一・十二月号、通巻六九三集、解釈学会、二〇一六年十二月刊）を参照。

（3）一九五六年十一月、中国少年児童出版社刊。高玉宝の逝去（二〇一九年十二月五日、享年九十二歳）を報じたニュース記事に、一九八八年の人民教育出版社版 小学「語文」の教材に「半夜鶏叫（夜中に鳴くニワトリ）」が採用されたと記すことを付記しておく。

第十章　日中「竹馬」小考

一、「竹馬の友」

「竹馬」といえば、「竹馬の友」という語が第一に想起される。その典拠となるのは、後述するように『晋書』巻七十七「殷浩」伝であるが、それよりも古く『後漢書』巻三十一「郭杜孔張廉王蘇羊賈陸列伝」の「郭伋」伝には、次のような記載がある。

有童児数百、各騎竹馬、於道次迎拝。伋問、「児曹何自遠来」。対曰、「聞使君到、喜。故来奉迎。」伋辞謝之。及事訖、諸児復送至郭外、問「使君何日当還」。伋計日告之。既還、先期一日。伋為違信於諸児、遂止于野亭、須期乃入。

（童児数百有りて、各《おの》おの竹馬に騎り、道次に於いて迎へ拝す。伋問ふ、「児曹《ら》何ぞ遠く自《よ》り来れる」と。対へて曰く、「使君の到れると聞きて、喜ぶ。故に来りて奉迎す」と。伋　之に辞謝す。事訖るに及び、諸児復た送りて郭外に至りて、問ふ、「使君何れの日か当に還るべき」と。伋　日を計り之を告ぐ。既に還るに、期に先んずること一日なり。伋　信を諸児に違ふるが為に、遂に野亭に止まり、期を須《ま》ちて乃ち入る。）

後漢の王莽の時に并州の牧となり、建武年間に再び并州の牧となった郭伋は、前に并州の地で恩徳を施していたので、并州の老幼みな相携えて道路《みち》に迎えた。部内を巡行して西河の美稷に至れば、竹馬に騎った子どもたちが拝し迎えたというのである。唐の李瀚の『蒙求』巻下に「郭伋竹馬」の四字をもって標題されるところとなる記事である。その標題にいう「竹馬」は、使君（郭伋）を喜んで奉迎する子どもたちの乗り物に他ならない。それはまた子どもたちはもとより民衆から敬愛される為政者郭伋の信頼と仁徳を象徴するものともいえる。唐代の詩篇にはこの「郭伋竹馬」を詠じた用例が少なくないが、何よりも「竹馬」といえば、「郭伋竹馬」の故事であるよりは、いわゆる「竹馬の友」に典型化される深い友情や交友としての意味を表す。

「竹馬の友」の語の典拠となる『晋書』巻七十七「殷浩」伝には、晋の桓温が殷浩を見下して、幼時、自分が捨てた竹馬を殷浩は使っていたと吹聴したことを伝えている。殷浩が庶人に落とされた記載の後に次のように展開する[1]。

至是、温語人曰、「少時吾与浩共騎竹馬、我棄去、浩輒取之。故当出我下也。」又謂郗超曰、「浩有徳有言。向使作令僕、足以儀刑百揆。朝廷用違其才耳。」

（是に至りて、温　人に語りて曰く、「少き時　吾と浩と共に竹馬に騎り、我棄て去れば、浩輒ち之を取る。故に当に我が下に出づべきなり」と。又　郗超に言ひて曰く、「浩に徳有り言有り。向《も》し令僕と作さしめば、以て百揆を儀刑せしむるに足る。朝廷用ふること其の才に違ふのみ」と。）

これに先立つ部分に二人のライバル関係を記しては、

（殷）浩少与（桓）温斉名、而毎心競。温嘗問浩、「君何如我。」浩曰、「我与君周旋久、寧作我也。」温既以雄豪自許、毎軽浩、浩不之憚也。

（〔殷〕浩少くして〔桓〕温と名を斉しくし、而して毎《つね》に心に競ふ。温嘗て浩に問ふ、「君　我に何如ぞ」と。浩曰く、「我　君と周旋すること久しく、寧ぞ我と作《な》すや」と。温既に雄豪を以て自ら許し、毎に浩を軽んずるも、浩　之を憚らざるなり。）

桓温が雄豪を自負して殷浩を軽視しても、馮浩はそれを嫌忌することもなかったという。二人の友情の象徴のごとくいわれる「竹馬」ではあるが、そこに裏腹のライバル心が潜むことに驚きを覚える。

こうした「竹馬」の語義に加えて興味深いのは、男子の間の信義や友情のみならず、淡い男女の遊戯の場にまたこの「竹馬」を見出すことである。李白の「長干行二首」（五言古詩）第一首の冒頭に、

妾髪初覆額　（妾の髪初めて額を覆ふとき）
折花門前劇　（花を折りて門前に劇《たはむ》る）
郎騎竹馬来　（郎　竹馬に騎りて来り）
繞床弄青梅　（床を繞りて青梅を弄す）

幼い「妾《わたし》」が花を折って遊ぶようすを唱いだし、と竹馬に乗ってやってきた「郎《あなた》」と、「床」（井戸枠、井桁）のまわりで青梅で遊ぶ「妾《わたし》」の姿が描かれる。その「竹馬」に騎り来る「郎」こそ、わが愛しの人に他ならない。心温まる「子どもの情景」のワンシーンであり、「竹馬」の語史にとっても有意義な用例といえる。

二、「竹馬」と道具

今は昔、二〇〇二（平成十四）年九月二十九日、和漢比較文学会は菅原道真の没後千百年を記念する第二十一回

大会を道真ゆかりの太宰府天満宮飛香殿において開催した。その公開シンポジウム「菅原道真の文学世界」のもようは、司会の藤原克己氏が記念論文集『菅原道真論集』（二〇〇三年二月、勉誠出版刊）に「総括」と題して丹念に記録している。そのなかで、藤原氏は七歳で亡じた阿満を悼みその往生を祈る「夢阿満（阿満を夢む）」（『菅家文草』巻二、十四韻二十八句）を取り上げ、じっと堪えてきた悲しみが堰を切るさまを詠じた次の二句に着眼し、

始謂微々腸暫続　（始め微々として腸暫く続くと謂へりしに）
何因急急痛如煎　（何に因りてか急急に痛むこと煎るが如き）

その表現と心理に言及されたが、続く聯には、

桑弧戸上加蓬矢　（桑弧　戸上　蓬矢を加へ）
竹馬籬頭著葛鞭　（竹馬　籬頭　葛鞭を著く）

と、その深い悲しみのよすがとなる景物が点出される。男児の誕生祝いに用いた戸口の桑の弓と蓬の矢に加えて、葛の鞭をつけた遊具の「竹馬」。それは籬に立てかけられるばかりで、乗り手はもういない。

シンポジウムでは「竹馬」なる遊具には特に言及されることも無かったので、いわゆる二本足の「たけうま」と同一視している向きも少なくなかったように推察された。「竹馬」は、『日本国語大辞典』第二版第八巻（二〇〇一年八月、小学館刊）の「たけうま」の解説を借りれば、

竹で作り、馬になぞらえて子どもなどが乗って遊ぶもの。古くは、葉のついた笹竹《ささ》を適当な長さに切りとって、その元の方に手綱のようにひもをつけて馬に見たててまたがり、ひきずって走るものや、適当な長さの竹の竿に手綱をつけた木製の馬の頭を模したものをつけ、（略）またがって遊ぶものなどがあり、（略）

というものとなる。中国の「竹馬」も同様の遊具であり、今日の「たけうま」と呼ばれて親しまれる遊具とは異なることを確認したい。「夢阿満」は『菅家文草』の配列から元慶七（八八三）年、道真三十九歳の所詠で、阿満は

長男高視の弟と考えられる。「歯立今春可七年（歯《よは》立ちて今春七年可《ばか》り）」という夭折でもあり、その遊具が亡じた男児のよすがとなって哀感を増している。

白居易の詩篇にも複数の「竹馬」が詠まれるが、その中で「贈悼懐太子挽歌辞二首（悼懐太子に贈る挽歌の辞二首）奉詔撰進（詔を奉じて撰進す）」の第一首には、

竹馬書薨歳（竹馬　薨歳を書し）
銅龍表葬時（銅龍　葬時を表す）

と詠じる。『旧唐書』巻一七五・『新唐書』巻八十二によれば、悼懐太子（李普）は敬宗の長子で、敬宗の没後、大和二（八二七）年に五歳で薨じている。敬宗を継いだ文宗が己の子のように愛して嗣子にしようとしたこともあった。そのため薨後、惻隠の情念抑え難く、悼懐太子に冊贈したと伝える。その「竹馬」は太子遺愛の遊具で、道真の「夢阿満」の「竹馬」に同じく、故人のよすがを伝えるものに他ならない。幼児の死に竹馬を詠じた先蹤と評し得る詩篇である。「竹馬」は「薨歳を書す」とあるばかりで、道真の詩句のごとく「籬頭 葛鞭を著く」といった形容は無い。

ただ、籬に立てかけられた竹馬といえば、『菅家後集』所収の「山僧贈杖、有感題之（山僧　杖を贈る、感有りて之を題す）」には、杖を竹馬とすることが見えている。

昔思霊寿助衰羸（昔思ふ　霊寿　衰羸を助くるを）
豈料樵翁古木枝（豈に料らんや　樵翁　古木の枝）
節目含将空送老（節目含み将《も》ちて　空しく老を送る）
刀痕削著半留皮（刀痕削り著けて　半ば皮を留む）
扶持無処遊花月（扶持して　処として花月に遊ぶ無く）

抛棄有時倚竹籬　（抛ち棄てて　時有りて竹籬に倚す）
万一開眉何事在　（万一　眉を開かば何事か在らん）
暫為馬被小児騎　（暫く馬と為りて小児に騎られん）

尾聯にいう「万一開眉」とは、万が一にも愁眉を開く意で、よもやの都への帰還をいったものか。晴れてその旅が実現したら、如何なることに身を置くことになるか。旅には歩みを助ける杖が必要になろうが、とりあえずは遊具の馬として子どもに跨がり騎られるのに任せよう、と今の所感を詠じる。

この杖と竹馬の取り合わせは絶妙で、西行の歌集『聞書集』に「嵯峨にすみけるに、たはぶれ歌とて人々よみけるを」と詞書して収める十三首（いわゆる「たはぶれ歌」）の一つに、

たけむまをつゑにもけふはたのむかな　わらはあそびをおもひいでつつ

幼童のころの遊びを思い出しつつ、「竹馬」を「杖」として我が身を扶けてもらおうとの思いを詠むのである。道真の詩の「杖」を「竹馬」として遊ぶのとは逆の発想ながら、幼童と老身や旅装をめぐる着想は清心で味わい深い。「杖」といえば、噎ばざる鳩に由来した漢の劉邦ゆかりの敬老の賜物「鳩杖」もあるが、それには依らず、ひたすら童心に記憶される「竹馬」が闊歩する。

三、童蒙の世界

『和漢朗詠集』巻下〔情懐〕「慶賀」には、橘正通の四韻〔律詩〕が載る。その尾聯である。

躬を省みて還つて恥づ相知ることの久しきことを　（省躬還恥相知久）
君は是れ当初の竹馬の童なり　（君是当初竹馬童）

私注に「正通作（正通の作）」に続いて「賀于在衡卿式部少輔補五位蔵人之詩也（在衡卿式部少輔の五位の蔵人に補せらるるを賀するの詩なり）」という。正通は自分と「竹馬の童」たる在衡との立身を引き比べ、いまだ宮内少丞にすぎない我が身を恥じつつ慶賀する。

巻下〔仏事〕「仏事」には慶滋保胤の「聚沙為仏塔（沙を聚めて仏塔を為る）」の句作がある。

浪洗ひて消えなむとす　竹馬に鞭うちて顧みず　（浪洗欲消　鞭竹馬而不顧）

雨打ちて破れ易し　芥鶏を闘はしめて長く忘れぬ　（雨打易破　闘芥鶏而長忘）

童児が砂をこねて仏塔を作ってみるが、竹馬に鞭くれるのに夢中で、浪に洗われて壊れかかっても気にとめることもなく、また闘鶏に我を忘れて、雨に打たれて塔が壊れようとしても忘れきっている。無邪気な童心こそ善根なることを詠じている。「芥鶏」は、芥を翅に含ませた闘鶏のにわとり。

竹馬と闘鶏は男児の遊戯の代表とでも言うべきものである。杜牧の「杜秋娘詩（並序）」には、秋娘が傅姆《めのと》となった皇子（穆宗の第六子李湊）の成長を詠じては、

漸抛竹馬劇　（漸く竹馬の劇《たはむ》れを抛ち）

稍出舞雞奇　（稍く舞雞の奇を出だす）

しだいに竹馬の遊びをやめ、徐々に「舞雞」に熱中して優れた腕前を見せたという。「舞雞」は、いわゆる闘鶏の遊びで、唐代に諸王の間で流行したことが知られる。闘鶏の戯をもって玄宗に仕えた賈昌について伝えた唐の小説「東城老父伝」には、その流行の様相もうかがえる。

童幼は遊戯の時を過ぎて、就学の時を迎える。顔萱「過張祜処士丹陽故居（張祜処士の丹陽の故居を過ぐ）有序（序有り）」の首聯には、「抛竹馬（竹馬を抛つ）」の語が見える。

憶昔為児逐我兄（昔を憶へば児為《た》りしとき我が兄を逐ひ）

曾抛竹馬拝先生（曾て竹馬を抛ち先生を拝す）

また、大江匡衡『江吏部集』所収の「述懐古調詩一百韻」の第二聯には、

七歳初読書　（七歳にして初めて読書し）

騎竹繋蒙泉　（騎竹　蒙泉に繋ぐ）

の句がある。「騎竹」は、竹馬に騎る意。「蒙泉」は、「童蒙之泉」の意で、子どもの無知蒙昧な状態をいう。七歳にして読書を習いはじめたばかりで、竹馬に騎っては童蒙の世界にいまだ繋がっていることを詠じる。やがて「童蒙求我（童蒙　我に求む）」（『易経』「蒙」卦辞）に由来する『蒙求』等の幼学の世界に入ることにもなる。「竹馬」に打ち興じることは、いわゆる幼学や志学への階梯でもある。その遊具がもつ意味は遊戯の域にとどまるものでない。

四、「竹馬」余談

宝暦二年（一七五二）に刊行された静観坊好阿の『当世《いまよう》下手談義』に、「竹馬の耳に北風」の語がある。竹馬の耳に北風が吹いても、少しも感じない意から、何を言っても通じないことをいう。いわゆる「馬の耳に念仏」の意に他ならず、漢語でより近似するのが「馬耳東風」の語でもある。

「馬耳東風」は、唐・李白の「答王十二寒夜独酌有懐（王十二の寒夜独酌して懐有りに答ふ）」の結句に出典することが知られる。

吟詩作賦北窓裏　（詩を吟じ賦を作る　北窓の裏）

万言不直一杯水　（万言　直《あたひ》せず　一杯の水）

世人聞此皆掉頭　（世人　此れを聞きて　皆頭を掉《ふ》る）
有如東風射馬耳　（東風の馬耳を射るが如き有り）

中国五言詩の源流といわれる「古詩十九首」（『文選』所載）にある「胡馬依北風（胡馬　北風に依る）」が基底にあり、北風ならざる東風、すなわち春風が吹いても馬の耳は反応しないのである。この「馬耳」に対して「竹馬の耳」は、「竹馬」なる遊具の耳であるから、馬が本能的に感じる北風にさえ反応しない。「竹馬の耳に北風」の語は「馬耳東風」に対する和製の捩りに他ならないのである。

この「竹馬の耳に北風」の「竹馬」は、いかなるものか。『国史大辞典』第九巻（昭和六十三年九月、吉川弘文館刊）「たけうま（竹馬）」には、二つの様態の「竹馬」を対比して、その発展にも言及する。

遊び道具の一つ。一本の笹や棒にまたがって走るものと、二本の竹に足掛りの横木をつけて乗るものがある。前者の方が古く、平安時代からある。これは、のちに練物の馬頭をつけた春駒式に発展。後者は室町時代から出現したが、最初は木製。竹製になったのは江戸時代である。

因みに、後発と思われる二本の竹に足掛かりをつけた「たけうま」に類似するものが、古く中国にも見出し得る。『列子』「説符」篇には、技術をもって天下を放浪する宋の国の蘭子が、身長の倍もある二本の棒（双枝）を脛につけて自在に趨り馳せ、七振の剣を操って空中に躍らせ、五振の剣を常に空中にあらしめる技を披露した。大いに驚いた元君は金帛を賜ったことを記す。双枝を脛につけるのは、現代中国でも行われる「高蹺《ガオチャオ》」（高足踊り）の源流とも思われ、日本の江戸時代にも高足駄を履いて歩く「高履《あしだ》」「高野行人《こうやぎょうにん》」や「鷺足」のことが知られる。

『当世下手談義』にいう「竹馬の耳」の「竹馬」がいずれの形態の「竹馬」を指すのか、にわかに分明にならない面もあるが、「耳」があることに注目すれば、「春駒」のごとく馬の頭を装飾したものもあるから、この「竹馬」は跨がって乗る一本棒の形態の「竹馬」のように推測される。

『国史大辞典』第九巻には、二つの「竹馬」に関連して、

両者とも、ブリューゲル画「子供の遊び[2]」にみえるように、外国にも古くからあり、外国からの伝播も考えられる。種子島では、大正時代まで、前者を竹馬、後者を鷺足といい両方が行われていた。

と指摘する。森洋子『ブリューゲルの「子供の遊戯」』（一九八九年二月、未来社刊）には、「18 棒馬」に「男の子が鞭をかざして棒馬遊びをしている。画面に描かれた玩具はかなり上等で毛質のたてがみ、轡、手綱までも備えられている。」と説明し、二本足の「46 低い竹馬」「50 高い竹馬」に関しては「元来、遊具というよりは大人の生活用具」で、「例えば沼地を渡らなければならないとき、低い竹馬を使用したらしい。また羊飼いが遠方の羊の群れの様子や、狼などの来襲を見張るとき、高い竹馬が便利だった。」とも解説する。遊具も個体発生は系統発生をくりかえすのか、洋の東西を超えた遊戯の歴史にも関心が広がる。

注

（1）『世説新語』「品藻」篇は、この辺の事情を踏まえて要領よく記載する。殷侯（殷浩）既廢。桓公語諸人曰、「少時与淵源共騎竹馬、我棄去、已輒取之。故当出我下。」（殷侯既に廃せらる。桓公（桓温）諸人に語りて曰く、「少き時　淵源（殷浩の字）と共に竹馬に騎るに、我棄て去れば、已に輒ち之を取る。故より当に我が下に出づべし」と。）

（2）「子供の遊び（遊戯）」はピーテル・ブリューゲル（一五六九年没）が一五六〇年、アントウェルペン時代に制作した油彩作品で、ウィーンの美術史美術館に蔵される。

資料

竹馬で遊ぶ子ども（明・嘉靖年間の陶磁「青花嬰戯図蓋罐」の絵図、北京・故宮博物院蔵）

第十一章　「扇」をめぐる日中比較文学的考察

一、班婕妤「怨歌行」

「扇」にまつわる中国の詩歌として見逃すことのできないのは、漢の班婕妤の詠じたと称される「怨歌行」の作である。班婕妤は漢の成帝の即位後、選ばれて後宮に入り寵愛された。左曹越騎校尉の班況を父とする彼女は、『漢書』を著した班固の父班彪の姑《おば》にあたる。婕妤（倢伃）はその官名である。彼女が容顔のみの人でなかったことは史伝に記されるところである。

『漢書』巻九十七下「外戚伝」所載の「孝成班倢伃」伝によれば、ある時、成帝が後庭で輦に同乗するよう求めたとき、班婕妤は、古の絵図を見ると聖賢の君王の側には名臣が控えるが、夏の桀王・殷の紂王・周の幽王という三代の末主の側には愛妾が陪乗している事実をのべて、成帝に思いとどまらせたという。唐の李瀚の『蒙求』の標題にいう「班女辞輦（班女　輦を辞す）」の故事である。また、日頃から「詩」および箴戒の書である「窈窕」「徳象」「女師」の篇を誦んじ、成帝に進見するにも古礼に則ったと伝える。

このように容色に加えて知徳優れていたが、やがて成帝の寵は趙飛燕と合徳の姉妹にうつっていく。『漢書』「孝成班倢伃」伝によれば、趙飛燕は、許皇后と班倢伃が密かに巫術を行って皇帝を呪詛していると誣告し、ここに許皇后は廃せられる一方、班倢伃は審問を経て罪を免れはするものの、趙姉妹を恐れて長信宮で太后を世話することを申し出て許された。長信宮に退居するに際して、班倢伃が自ら傷悼して作った賦が『漢書』には載る。「怨歌行」は、この班倢伃が失寵の環境の中で詠じた作になるという。

新裂齊紈素（新たに齊の紈素を裂けば）　皎潔如霜雪（皎潔なること霜雪の如し）
裁爲合歡扇（裁ちて合歓扇を爲《つく》るに）　団団似明月（団団なること明月に似たり）
出入君懐袖（君の懐袖に出入し）　動揺微風発（動揺すれば微風発《おこ》る）
常恐秋節至（常に恐る　秋節至らば）　涼風奪炎熱（涼風　炎熱を奪はんことを）
棄捐篋笥中（篋笥の中に棄捐せられ）　恩情中道絶（恩情　中道に絶えん）

斉の特産になる真白き紈素を張り合わせた合歓扇。その形状は明月のように丸い「団扇」である。「扇」はうちわ。愛しい皇帝に手ずから使っていただけるのは無上の喜び。ただ気がかりなのは秋の時節が訪れること。「涼風」が立てば、炎熱の暑さを奪いさるからである。かくて案の定、篋笥の中に忘れ仕舞われて、有り難い恩情も中途で絶えることになろうとは。

詩中に詠まれた「秋節」の到来。まさしく夏の炎熱を涼風が奪いさる忌々しい季節であるが、時節の推移はとどめがたく、合歓扇が必需品であった夏の時候からの変化は甚だしい。「棄捐」や「絶」の語がその境遇をよく表している。自らの境遇を合歓扇・団扇になぞらえて、その失寵の身の上を嘆じた班倢伃である。

二、「団扇」「秋扇」と白居易「雨後秋涼」詩

かくて失寵の班婕妤は悲劇のヒロインとなり、後世に詩的な好個の題材を提供することになった。宋の郭茂倩の『楽府詩集』巻四十三「相和歌辞」「楚調曲下」には、「班婕妤」（陸機以下、十三首）、「婕妤怨」（崔湜以下、九首）、「長信怨」（王諲以下、三首）の題の作が収載されるのをはじめ、彼女を詠じた作には事欠かない。そこには「怨歌行」ゆかりの「扇」が詠出され、「紈扇」「団扇」はもとより、「秋扇」の語も認められる。

時節にあわない無用の事物をたとえて、「夏炉冬扇」という。夏炉とは夏の炉《ひばち》、冬扇とは冬の扇《うちわ》のことである。後漢の王充の『論衡』「逢遇篇」にいう「以夏進鑪、以冬奏扇。（夏を以て鑪を進じ、冬を以て扇を奏す。）」に出典する。ただ、当世の建築環境をみれば、立て付けがよい上に、冷暖房完備ならずとも寒暑を凌ぐすべは確保され、時にはかえって夏に炉を、あるいは冬に扇をほしくなる場面もないわけではない。「夏炉冬扇」が皮肉にも無用の長物とはなりにくい今日的な事情もあるが、もとより「夏扇」と「冬炉」は時候にマッチした有用なものとしての意味をもつ。そして「夏扇」の対極に置かれる「冬扇」は無用の長物であったが、これに対して、「秋扇」はまさに夏を過ぎた扇にほかならず、季節の移ろい、秋節の到来を機敏にとらえた微妙なニュアンスをともなう。天子の恩情を失った思いは「愁い」に通じる。「秋扇」の語は、そのやるせない感傷を秘めてあまりある。

班婕妤の詠じた「合歓扇」は、斉の紈素を裁って二枚張り合わせて作ったうちわである。「合歓」は、歓びをともにする意。素材の「紈素」に因んで「紈扇」とも称され、その形状は「団団似明月」と満月のごとく丸いので、「団扇」とも称された。「団扇」を詠じた詩篇として特に注目したいのが、白居易の「雨後秋涼」（『白氏文集』巻六十七「律詩」）の詠作である。

夜来秋雨後　（夜来　秋雨の後）　秋気颯然新　（秋気　颯然として新し）
団扇先辞手　（団扇　先づ手を辞し）　生衣不著身　（生衣　身に著けず）
更添砧引思　（更に砧を添へ思ひを引きて）　難与簟相親　（簟と相親しむこと難し）
此境誰偏覚　（此の境　誰か偏へに覚らん）　貧閑老痩人　（貧閑　老痩の人）

「雨後秋涼」と題するこの詩は、首聯に昨夜来の雨のあとに広がる颯爽とした秋の清新な空気を詠み、頷聯にはその秋気のために、夏の暑さを払いやろうと手にもつ団扇をまず手から放して、「生衣」すなわち夏用の着物（かたびら）も脱ぎすてたという。頸聯には、秋の到来とともに砧を擣つ声が添えましてもの思う心を募らせ、汗熱をにがす簟《たかむしろ》にはもはや横たわり難くなったとの季節の移ろいを重ねて詠い、この変化の境地を知覚できるのは、貧しくも閑静に暮らす痩せ老いた人（自分）のみであることを説いて結ぶ。

この詩には秋涼への敏感な反応を読みとることができるが、この五言律詩の詩句のなかで、頷聯上句の「団扇先辞手」は本邦においてとりわけ人口に膾炙して、詩歌の詠作に受容せられたものであったらしい。往時の「団扇先辞手」の受容を検証してみるに、まず平安時代に藤原公任が撰じた『和漢朗詠集』に注目してみたい。明らかに「団扇先辞手」の詩句を踏まえたと認め得る和歌を見出すことができる。

夏果つる扇と秋の白露といづれかまづは置かんとすらむ

『和漢朗詠集』巻上「夏部」「晩夏」に収載されるこの作（169）は、よみ人の名を記さず、あるいは「中務」「躬恒」という。『新古今和歌集』巻三「夏歌」には、壬生忠岑（八六〇頃～九二〇頃）の作として収める。「夏果つる扇」と「秋の白露」とを並列するとともに、扇を「置く」と白露が草木に「置く」との意味を掛けて、夏から秋への季節の移ろいを一捻りして表現する。「扇」と「白露」の対置にあって、「夏果つる」は、夏から秋への時節の変化を示して、かつ「白露」を修飾する「秋の」の文字との重複を避けて発想された詠作である。

それと同時に注目すべきは、「いづれかまづは置かんとすらむ」の文字である。「まづは」は詩句の第三字目の「先（先づ）」に当たることはいうまでもない。加えて、掛詞となる「置く」が扇に対してもつ意味は、白居易の詩句にいう「手を辞す」ことで、白露に対しては「（露を）むすぶ」意味をもつ。この詠作が白居易の「団扇先づ手を辞す」の句を踏まえることはもはや明白であるが、その扇を詠じて直截に「秋の扇」を詠み出さぬところが肝心で、しかも扇の世界に終始せず掛詞によって白露に詠作の空間を押し広げているところに妙味がある。この詠作はまさに句題の発想による。

この作に加えて眺めておきたいのは、時代的に新しくなるが、『新古今和歌集』の撰者の一人である藤原家隆（一一五八～一二三七）の『壬二《みに》集』に認められる次の作である。

　夏はてたが山のはにおきすつる　秋のあふぎとみるや月かげ

「月の歌とて」の題中の一首であり、「七夕の歌よみてたてまつりし時」と詞書する作のなかには、

　今はとて人はおくとも　七夕の秋のあふぎの名をば忘れじ

が見える。「秋のあふぎ」はもとより、前者には「夏はてて」と「おきすつる」、後者には「おく」の字句が認められる。すでに見た「夏果つる」の作を本歌とする所詠であり、「秋のあふぎ」の「秋」には「飽き」の意が掛けられている。

因みに、中世に生まれた謡曲「班女」の詞章には、「夏果つる、扇と秋の、白露と、いづれか先に、起き臥しの、床すさまじやひとり寝の、淋しき、枕して、閨の月を眺めん」と見えている。「班女」は、寵愛を失った班婕妤が「怨歌行」を詠じた中国故事に想を得た作。

家隆に同じく『新古今和歌集』の撰者の一人である藤原定家（一一六二～一二四一）にも、

　はし鷹を手ならす比《ころ》の風立ちて　秋の扇ぞとほざかり行く

の詠がある。『夫木和歌抄』巻十三「秋部四」（秋風）には「文集百首、団扇秋中」と題され、また定家自身の『拾遺愚草員外』は「団扇先辞手」の詩句自体を題とする。前者にいう「文集」が『白氏文集』を指すことはいうまでもなく、また後者にいう「団扇先辞手」が白居易の詠じた一句であったことも明白である。定家の詠がこの白居易の「団扇先辞手」なる詩句による句題の詠であることが分明となる。

「はし鷹」は鷹の一種で、鷹狩りに用いた。この鷹を手ならすころに吹きおこる秋風。この風とともに不用となった扇は手もとから遠ざかる。この「秋の扇」は、「先づ手を辞」して秋を迎えた「団扇」から発想され、「先づ手を辞す」は「とほざかり行く」と婉曲に奥行きをもって表現される。その際、「秋」には「飽き」の意が掛けられる。

白居易の「団扇先辞手」が「怨歌行」とともに本邦に与えた影響は少なくなく、『新古今和歌集』の時代の定家や家隆の作に「秋の扇」が詠みこまることに注意したい。「秋の扇」を詠出する作は、古いところでは、先の「夏果つる」の作者ともされた壬生忠岑の息子である壬生忠見に次の一例を認める。

なにそむるあきのあふきをみなへし　さきにけりともみゆるいろかな

忠見もまた三十六歌仙の一人で、『忠見集』に「うへのくちばいろのおほむあふぎに、ただつるのかたをおもてにかかせたまへる、いまかたつかたにはあしでかかせたまへるに」の第二首として見える。往時、このほか「秋の扇」が詠まれた歌作は多くはなかったようである。

三、『和漢朗詠集』の班婕妤と「怨歌行」

漢の班婕妤「怨歌行」は、当の中国はもとよりのこと、中国の文化を吸収してきた日本の文学世界においても夙に受容されてきた。いまその一斑を確認すべく例を求めてみれば、まず『和漢朗詠集』巻上「冬部」「雪」に載る尊敬の作（380）に次の句がある。

班女が閨の中の秋の扇の色　（班女閨中秋扇色）
楚王が台の上の夜の琴の声　（楚王台上夜琴声）

「班女」はまさしく班婕妤をいう。この句は部類に明らかなように「雪」を詠じたものであり、出典に関していえば、釈信阿の注といわれる「私注」に「題雪　尊敬」という。尊敬は、橘在列の僧名。天慶七年（九四四）に出家して比叡山に入り、号を尊敬といった。生没年は未詳。上句は雪の色を、下句はその雪の風に舞う音を詠じている。雪と扇との色彩的な繋がりは、「怨歌行」にいう「皎潔如霜雪」の表現に由来する。しかもその扇は「秋扇」の語をもって表現された。この「秋の扇」は意味深長な悲哀の色を帯びている。

実のところ『和漢朗詠集』において「秋扇」なる漢語が確認できるのはこの一例のみであるが、その他、『和漢朗詠集』には次に示すような班婕妤の「怨歌行」を踏まえた詠作が複数ある。巻上「夏部」「納涼」に載る大江匡衡の詠（162）に目を向けたい。

班婕妤が団雪の扇　岸風に代《か》へて長く忘れぬ　（班婕妤団雪之扇　代岸風兮長忘）
燕の昭王が招涼の珠　沙月に当って自ら得たり　（燕昭王招涼之珠　当沙月兮自得）

「班婕妤」の名が直に詠まれている。「団雪の扇」は「怨歌行」中の「皎潔如霜雪」および「団団似明月」、この二句に認められた班婕妤の扇のもつ属性を「団雪」なる一語に撮要したことが明白である。「夏夜守庚申、侍清涼殿、同賦避暑対水石、応製一首并序」の句。匡衡は一条天皇朝の文章道の人で、長和元年（一〇一二）没。

匡衡とほぼ同じ頃の人である慶滋保胤は、巻下〔天象〕「風」に次の詠（400）を残している。

班姫　扇を裁して誇尚すべし　（班姫裁扇応誇尚）

列士　車を懸けて往還せず　（列士懸車不往還）

「班姫」はとりもなおさず班婕妤を指す。この摘句の出典に関しては、釈信阿の注といわれる『和漢朗詠集私注』に「清風何処隠　慶保胤」という。その「清風　何処くにか隠る」との詩題によれば、清風がどこかに吹き隠れたので、班姫は涼風をそよがすために紈素を裁って団雪の扇を作り、かくて天子の恩寵を誇ったと詠う。「清風何処隠」は白居易「月夜登閣避暑」詩（『白氏長慶集』巻二）の第三句「清風隠何処」による。保胤は長保四（一〇〇二）年没。

巻下〔山川〕「山」には後中書王（具平親王）「遙山斂暮煙　以晴為韻」(494)からの摘句が載る。

紈扇　抛《なげう》ち来つて青黛露はる　（紈扇抛来青黛露）

羅帷巻き却《しりぞ》けて翠屏明らかなり　（羅帷巻却翠屏明）

上句にある「紈扇」の語もまた「怨歌行」の「新裁斉紈素」に依るものである。

以上のそれぞれが、本朝においても班婕妤の「怨歌行」が受容されてきたことの明らかな証左といえる。それらは「怨歌行」中の字句あるいは故事を想起させる詩句をさまざまに有しているが、これら邦人の作に加えて、『和漢朗詠集』巻上「夏部」「扇」には白詩からの摘句(199)が載る。

盛夏に銷《き》えざる雪　年を終ふるまで尽くること無き風　（盛夏不銷雪　終年無尽風）

秋を引きて手の裏《うち》に生《な》る　月を蔵《かく》して懐の中《うち》に入《い》る　（引秋生手裏　蔵月入懐中）

「盛夏不銷雪」にはその扇の色を、「終年無尽風」には年中いつでも得られる風を詠じる。使えば盛夏にも秋を導いて涼しい風が手中に生じ、仕舞えば円き月がすっぽり姿を隠すように懐の中に入ってしまう。「不銷雪」「蔵月」「入懐中」の字句はいずれもが「怨歌行」に由来する表現である。しかるに、この典拠となる白詩の詩題は「白羽扇」で、五言六聯で構成される詩篇から第三・四聯の四句を摘句していたことが明らかになる。

素是自然色　（素《しろ》きは是れ自然の色）　円因裁製功　（円きは裁製の功に因る）

そもそも「白羽扇」の第一聯では、「素き」色合いは「自然の色」と詠じ、第三聯の上句には「銷えざる雪」とも表現された。しかるに詠作の対象は「白羽扇」であり、形状は「円（円き）」というように団扇であるが、素材は班婕妤ゆかりの「紈素」の扇とは全く異なる。その紈扇の枠を越えた白羽扇に対しても、班婕妤のことが投射された事例として珍重すべきである。

摘句されれば「扇」の名のもとにあたかも班婕妤ゆかりの紈素の扇の如くに鎮座するのは、摘句のマジックといってもよい。白詩以外にも『和漢朗詠集』巻下〈情懐〉「恋」には、「遊仙窟」で名高い張鷟《さく》、字は文成の次の詠作(778)を載せる。

更闌《かうた》け夜静かなり　長門閉ざして開けず　（更闌夜静　長門閉而不開）
月冷《すさま》じく風秋なり　団扇杳として共に絶えぬ　（月冷風秋　団扇杳而共絶）

上句は、漢の武帝のとき、巫祝に惑った陳皇后が長門宮に幽閉されたことを踏まえる。下句にいう「団扇」は班婕妤が「怨歌行」に「団団似明月」と唱った扇を詠じたもので、秋の到来とともに使われず恩情の絶たれたこと、いわゆる「悲恋」を詠じる。「秋扇」と相俟って「団扇」の語もまた団円ならざる悲哀と身の変転とを含意する語として重要である。「団扇先辞手」の受容と二重に関わることを確認したい。

四、『経国集』と『文華秀麗集』

ところで、我が国における班婕妤「怨歌行」受容の跡は、『和漢朗詠集』の摘句を遡って、一つに、淳和天皇の天長四年（八二七）に成立したという『経国集』巻十四所収の錦彦公「看宮人翫扇」一首（七言律詩、201）の頷聯に認められる。

遙似恒娥憑漢月　（遙かに恒娥の漢月に憑るに似たり）
還疑班子恐秋風　（還《ま》た班子の秋風を恐るるかと疑ふ）

下句の「班子」は班婕妤を指し、「恐秋風」は、「怨歌行」の「常恐秋節至　涼風奪炎熱」なる詩句に由来しよう。作者である「錦彦公」は、錦部《にしこりべ》（錦織部）彦公。津田左右吉『文学に現はれたる我が国民思想の研究』第一部「貴族文学の時代」第一篇第四章「文学の概観下　平安朝初期の文学」（『津田左右吉全集』第四巻、一九五一年、岩波書店刊）は、「詩そのものが異国趣味そのまゝである」ことを論じて、「看宮人翫扇」の宮人は「長信宮裡の人であり」と指摘した。本朝における文化模倣の一例として挙例されるが、その扇を翫ぶ宮人は、「長信宮裡の人」なる班婕妤にまごう境遇にあったろうか。

さらに『経国集』を遡って、嵯峨天皇の弘仁九（八一八）年に成った『文華秀麗集』にまた古い例を拾うことができる。すでに『楽府詩集』に「班婕妤」「婕妤怨」「長信怨」という楽府題の作が収載されることを記したが、『文華秀麗集』巻中「艶情」には邦人の手になる楽府題の詩作が載る。嵯峨天皇御製の「婕妤怨」一首（58）である。

昭陽辞恩寵　（昭陽　恩寵を辞せしめ）　長信独離居　（長信　独り離居す）

首聯上句に詠出された「昭陽」は昭陽殿（「昭陽舎」とも記される）を、下句の「長信」は長信宮をそれぞれに指す。漢の成帝の恩寵を蒙った班婕妤が住んだのは未央宮の「増成舎」であり、これに対して昭陽殿は、趙飛燕の妹である合徳（昭儀）が成帝から賜った宮殿といい、また飛燕と妹の合徳とが住まった場所ともいう。その「昭陽辞恩寵」は、昭陽殿の趙飛燕や合徳が班婕妤の忝なくする恩寵を奪い去った事実をいう。一方の長信宮は、皇太后（成帝の母）の住まいであった。「長信独離居」は、失寵の班婕妤が自ら望んで長信宮に離れ住み、皇太后の世話をして寂しく暮らしたことを詠じる。かくて頷聯には、

団扇含愁詠（団扇　愁ひを含みて詠《うた》ひ）　秋風怨有余（秋風　怨み余り有り）

班婕妤が成帝に捨てられた愁いを含んで合歓の団扇を詠むなか、折から秋風は余りある怨みを帯びて吹きわたることを詠じる。（頸聯・尾聯は略す。）

嵯峨天皇はどんな思いで異国の漢の皇帝が導きだした後宮の愛憎劇を詠み出したのか。『文華秀麗集』には、この御製に和し奉った巨勢識人と桑原腹赤の「奉和婕妤怨」（59・60）も載るが、いずれにも班婕妤ゆかりの扇は詠出されない。ただ桑原腹赤の「奉和婕妤怨」（60）の頷聯には「昭陽」と「長信」が詠まれる。

昭陽歌舞盛（昭陽　歌舞　盛んにして）　長信綺羅愁（長信　綺羅　愁ふ）

「昭陽」と「長信」を対置して、恩寵を蒙る絶頂の者と過去の恩寵を胸に秘めて憂愁にくれる者とを対照して描写する。その明暗は、女たちの生活の舞台となる居所を介して象徴的に表現される。嵯峨天皇の御製も腹赤の詠作も女たちの身の変転を含んだ詩句構成をとるが、「昭陽」と「長信」の語は旧く漢時の名だたる女性の歴史を秘めた詩語として含蓄に富み、その使用例も少なくない。『文華秀麗集』にもう一例を求めれば、同じく桑原腹赤の「和滋内史秋月歌」（138）に、

長信深宮円似扇（長信の深宮　円きこと扇に似て）

昭陽秘殿浄如練（昭陽の秘殿　浄きこと練の如し）

の句を見る。これは秋月を詠じるなかで、上句は長信宮にかかる扇のごとく円い月の形状を、また下句は昭陽殿に降り注ぐ月の清浄なる色を詠じたものである。上句は月を詠じて、その形容に班婕妤の扇を借りることが明らかであるが、この詩の直前の嵯峨天皇の御製「和内史貞主秋月歌」（137）にまた次の句を見る。

皎潔秋悲班女扇（皎潔なり秋に悲しむ班女の扇）

これも秋の月を詠じては「皎潔」の語を借り、「班女の扇」にたとえた詠作に他ならない。

五、「扇ゆゆし」

男を待ちに待つ女の姿は痛々しく、時節を逸した秋扇こそ恨めしい。我が国には、「扇ゆゆし」とよばれる習俗があった。辞典類によれば、班婕妤の「怨歌行」の故事から、扇が男女の仲にとって不吉であるとの意にいう。貞元・天元（九七六～九八二）の頃の成立と見られる『古今和歌六帖』巻五に次の和歌が見える。

名にし負はば頼みぬべきをなぞもかくあふぎゆゆしと名づけそめけん

「あふぎ（扇）」は「あふ（逢ふ）」に通じるので、餞別に贈ることが多かったという。また、「逢ふ儀」に通じるともいい、男女がお互いに深い絆の証として扇を相手と取り交わしたともいう。しかるに、「名にし負」うこともなく、再会の頼みにならぬことが少なくなかったのでもあろう。あるいは男女が相逢うこと、果ては恋の成就とその行く末の全きとを念願する者たちにとって、班婕妤ゆかりの悲恋の扇のイメージは、恋の道を阻むもの、全うせしめぬものとさえ嫌忌する心理をも生んだ。かくて扇自体をタブー視するにいたったものでもある。色恋の道に関わる一つの特徴的な日本的習俗といってよい。

『後撰和歌集』巻十三「恋五」に載る「よみ人しらず」の歌に注目したい。

人をのみうらむるよりは心からこれ忌まざりし罪と思はん

その詞書には、「男の心変る気色なりければ、たゞなりける時、この男の心ざせりける扇に書きつけて侍りける」という。この心変わりした気配の見えた男のもとに贈りとどけられた扇は、男が前々から欲しがっていた代物であった。その歌に「これ忌まざりし罪と思はん」というのによれば、女はこれまで扇が捨てさられる「秋（飽き）」の時節の到来など、とりたてて気にもかけずにきたのであろう。それをいま扇に和歌を書きつけて贈りつけたところに大きな意味がある。結局受け取った男の「心変る気色」が回復されたのか否かは知る由もないが、この和歌が「扇ゆゆし」の習俗に裏打ちされることは明白である。

また『大和物語』の第九十一段「扇の香」にも、三条の右大臣（藤原定方）が、中将の頃に賀茂の祭の勅使に立った折、以前通っていた女のもとに「扇もたるべかりけるを、さわがしうしてなむ忘れにける。ひとつたまへ」と言ってやったところ、色も香もよい扇をとどけてよこした。その折、扇の裏の端のほうに書きつけられていたのが次の歌であった。

　ゆゆしとて忌むとも今はかひもあらじ　憂きをばこれに思ひ寄せてむ

扇を「ゆゆしとて忌む」習俗が端的に現れている。これまで男に贈ることを忌んできたにもかかわらず、女はいま男の急な所望を容れて扇を送りとどけると同時に、その辛い思いを寄せて送ってやった。この和歌を目にした男は、「いとあはれとおぼし」て次の返し（返歌）を詠っている。

　ゆゆしとて忌みけるものをわが為になしといはぬは誰《た》がつらきなり

扇を「ゆゆしとて忌みけるもの」とは、これまた「扇ゆゆし」をいったものである。そうした扇を女が無いといわずに送り届けてきたことをとらえて、男は、いったい辛い思いは誰が味わっているのかと切り返した。「扇ゆゆし」の習俗はかくも往時の生活に深く溶けこんで、広くに浸透していたことが明らかである。こうした身近な習俗の発生は、中国には無かった展開といえる。それだけに、班婕妤の「怨歌行」にかかわる極め付きの日本的受容相として特筆し得るものといえる。

第十二章　漢字・漢語・漢文を考える

一、日本の風土の中で

漢字・漢語・漢文は、我々の日常生活の中に生きている。それが生活に溶けこむ事実は、読む・書く・聞く・話すといった日本語の言語行為を考えてみるだけで容易に理解し得るところである。

その来歴を尋ねれば、『日本書紀』には、応神天皇十六（二八五）年二月、王仁が渡来して、太子の師となり典《ふ》籍《み》を教えたことを記し、『古事記』には、百済国から和邇吉師が『論語』十巻と『千字文』一巻を持ち来たったことを伝えている。また、江戸時代には志賀島から「漢委奴国王」の金印が出土し、それが『後漢書』「東夷伝」に記される後漢の光武帝が朝貢使に授けたものと見られている。『千字文』は梁の周興嗣の撰になることから、その記載は時代的に虚偽になろうことが推測されてもいるが、ともかくこれらの記載や文物は漢字あるいは典籍（漢籍）の日本伝来や初伝を伝える資料と位置づけ得るものと理解され、それらの記載に、日本が伝来した文字や学問文化をその基底に据える方向性と受容のありようとが示されているようにも思われる。

そもそも漢字は、中国に生まれて発達し、我が国に伝えられてことばの表記に欠くべからざるものとなり、読む・書く・聞く・話すという言語行為に必要不可欠な存在となってきた。

いわゆる「万葉仮名」は、漢字の音と訓を組み合わせて言葉を表すものであるが、『万葉集』には、この表記方法によるものだけでなく、漢文による表記を併用した事例も存在する。同書巻九「相聞」の「天平元年己巳の冬十二月の歌一首并せて短歌」（歌番号1787、「右の件《くだり》の五首、笠朝臣金村の歌の中に出づ」）に例を取れば、

……毎見　恋者雖益　（見るごとに　恋はまされど）

と漢文体で表記され、続いては、

色二山上復有山者　一可知美　（色に出でば　ひと知りぬべみ）……

と記す。「色二」の字訓による表記のあとの「山上復有山（山上に復た山有り）」は、陳・徐陵『玉台新詠』（巻十「古絶句」の承句に認められる漢文表記の字句であり、「出」の字を「山」と「山」に二分した字謎となっていることが知られる。まさに中国ゆかりの文字遊戯の表現を織りこむ巧みさとともに、「一」は「ひと」の字訓により「人」を表し、「可知」は漢文表現で「知るべし」に「美」の字訓を加えて、原因理由を表す。

ここに『万葉集』における漢字の受容のありようと、学問知識により獲得された多様な文字表現の応用の痕跡を目の当たりにするが、この万葉仮名の表記はもとより、さらには日本特有のもののごとくに言われるひらがなやカタカナも、漢字・漢語・漢文が中国から受容されて訓読による理解の方法が行われなければ発生することもなかったとさえいえる。

「真名」と称される漢字に対して、「カタカナ（片仮名）」は、漢字・漢文を和読する際に訓点として万葉仮名を補記したものに源流し、「片」は漢字の一部を取ったことを意味するといい、「ひらがな（平仮名）」は、万葉仮名として用いられた漢字の草書体が独立して表記に用いられたものであるという。すなわち、表記と学問に関わる

「真名」たる漢字があってこそ、カタカナとひらがなという「仮名」が発生したといえる。その「真名」と「仮名」の関係性に日本語の文字のありようがよりよく表れ、むしろそこに仮名が国風のものとして強調される文化の特性が物語られてもいる。

こうした仮名の出自を知らずとも、日常の生活にとりたてて支障はないが、知れば文化の奥行きを知り、古代の人々の知恵と想像力の豊かさに後人として驚きと敬意と感謝とを覚えざるを得ない。現代日本に生きる我々にいたるまで継承されてきた知的な財産にほかならないが、それらが根源的にもつ表記するという行為は、ある事柄を記し、伝える働きから、表現のありようとその方法の問題を生じる。それはことばや表現の豊かさに連なるもので、文学といういとなみの源泉に関わるものでもある。その方面における漢字・漢語・漢文のさまざまなありようや様相を、その源流にあるものを視野に入れつつ考察思惟することは、いわゆる「国語」の教育はもとより、教科の枠組みを超えた日本の文化や学問をとらえる上で、有用にして重要な認識の方法となる。

二、いわゆる「国語力」と漢字

二〇〇四（平成十六）年二月三日の文化審議会答申「これからの時代に求められる国語力について」によれば、いわゆる「国語力」の中核をなすのは「考える力」「感じる力」「想像する力」「表す力」という「言語を中心とした情報を処理・操作する領域」であり、それが機能するときの基盤となるのが「国語の知識」や「教養・価値観・感性等」の領域であると説明する。「国語力」は個々人の能力を構成するもので、学校教育はもとより家庭や社会において、その生涯にわたって涵養されるものでもあるとの認識が根底にはある。古典（古文、漢文）に親しむ、言葉を適切に使い分けてその場に相応しい言葉で書く、あるいは漢字を学習するあり方といった諸点で、漢字・漢語・漢文は「国語力」の育成とその向上に大いに関わりをもつ。その意味で、我々は日常性のなかでそれらと関わりを深め、発見を一つ一つ重ねて積極的に涵養する環境を創出することが必須であるように考える。

同じく二〇〇四年十二月に公表されたOECD（経済協力開発機構）によるPISA2003（学習到達度調査。対象は十五歳、二〇〇〇年から三年に一度実施）の結果は、読解力が前回二〇〇〇年の八位から十四位に後退し、いわゆるPISAショックの激震が走った。危機感を強めた文部科学省は、自由記述に弱い等の分析を踏まえて翌二〇〇五年に「読解力向上プログラム」を策定し、全学年・全教科で読解力を育成する授業作りを提唱し、新『学習指導要領』にも各教科による言語能力の育成を盛りこんだ。学校全体での教育力が問われるが、その基本には教科を超えた言葉の力の養成、とりわけ読み書きに必要な漢字力という基盤の再確認も不可欠であると考える。

漢字は小学校で学びはじめて以来（なかには就学前からという人も少なくなかろうが）、点画と字形をめぐる親炙と嫌悪、その個々人の愛憎の悲喜劇という多様な振幅の事例をもって我々の目の前に立ちはだかりつつも、自らの姓名の表記をはじめ実生活のなかで縁の切れない存在となっている。その漢字はどのようにして生まれてきたのか。

魯迅の『門外文談』二「字是什么人造的?《じはいかなるひとがつくったか》」には、「蒼頡」や「結縄」の話題も見える。蒼頡は、倉頡とも記される。古の黄帝の史官で、唐の李瀚の『蒙求』にも「蒼頡造字」の四字で文字を発明した事績が記される。その人物像は、『三才図会』などに左右ともに上下に二眼ずつ、都合四眼の姿で出現する。中国最古の辞書として知られる後漢の許慎の『説文解字』の序には、蒼頡は「鳥獣の蹄迒の迹」を目にしてその鳥獣の違いを見抜き、文字を発想したという。四眼はこの蒼頡がもつ常人以上の観察眼や洞察力を象徴するものといってよく、魯迅は「二つ目の我々では、能力が不十分なばかりか、容貌も相応しくないのだ。」といっている。

蒼頡
（『歴代君臣図像』下巻、早稲田大学図書館蔵）

文字はそれぞれがどのように成り立ち、どのような意味をもつのか。『説文解字』はその書名が「字を説き、字を解する」ことを表すように、それぞれの文字の成り立ちとその意味を体系的に科学した書物といえる。「文」は線が交わるさまを表し、基本的な文字を指す。「ウ」と「子」を組み合わせた「字」は、産む、増えるの意で、副次的に「文」を組み合わせてできた文字を指す。そもそも『説文解字』が依拠した文字は、秦の始皇帝が天下統一後に文字を統一すべく作った「小篆」であった。その当時はいまだ甲骨文は発見されていなかった。

実は甲骨文が発見されたのは、前々世紀の最後、清朝も末の時代のことで、後漢の許慎の時代にはいまだ土中に眠っていた。一八九九年、国子監祭酒の職にあった王懿栄は、持病であるマラリアの治療のために「竜骨」と呼ばれていた漢方の薬剤を服用していたが、弟子の劉鶚とその骨に刻まれていた文字らしいものを発見して蒐集する。やがてそれが殷周時代の占いの結果を記録した文字ということがわかってきた。先の『説文解字』は、いまだその文字が研究材料とはならない時代の所産であったが、この書物のなかで許慎は文字の成り立ち等に関して「六書」を提唱したことはよく知られるところである。

「六書」とは、漢字の成り立ちに関する「象形」、「指事」、「会意」、「形声」という四つと、特殊な用法としての「転注」、「仮借《かしゃ》」という二つから成っている。

よく知られているのは、「象形」であろう。たとえば、「山」という漢字。この字形から、もともとの象形文字としての図像を想像することは容易では無いが、「△」を横に三つ並べたがごとき図案的な「山」が、一つの「山」という文字に収斂してきたのである。また、「日」という漢字。もともと「太陽」を描いたものだが、丸い形状が四角に変形する事実は興味深い。あるいは、図案的な月の形状が、文字どおり「月」という字になる。この月の形状からは、「夕」というもう一つの漢字が出てくる。この「夕」という字は、すぐに夕方の意味にとりがちであるが、もともとは月が出ている時間帯をいい、「夜」という概念を表した。漢字の成り立ちという原点に立ち返ってみると、従来知らなかった深い意味を見出し得ることも少なくない。

「指事」は、たとえば、あるものの上に位置するのか、下に位置するのかを指し示すものである。「上」という漢字と「下」という漢字は、左右に伸びる「一」を対称軸としてシンメトリーの関係にある。つまり、「一」の上、あるいは「一」の下の部分は、あるものの「上」、あるいはあるものの「下」にあることを符号的に示したものである。

こうした象形や指事の、その基本的な成り立ちによる文字が「文」であり、それが複合的に組み合わされることによってたくさんの「字」が二次的に生まれてくることになる。たとえば、木の根もと。象形文字である「木」の、上下に長い縦棒の下の方に短い横棒のチェックを入れることによって、木の根もと、「本（もと）」という意味概念を表すことになる。このように「木」という象形文字に指事の記号的な意味を加えることによって、また一つの別な文字が生まれてくることになる。（「会意」と「形声」は次節参照。）

「転注」は、たとえば、「音楽」を意味する「楽」（ガク）の字を「ラク」と発音して「楽しい」の意に転用する類である。また、「仮借」は、たとえば、刃がギザギザの戈《ほこ》の象形である「我」の字が「ワレ」の意の発音と同じ音を持つことから、一人称の代名詞に借り用いた類である。

読み書きの基盤を担うだけに、その興味・関心を損なわず、日々教材に新出する漢字に立ち向かい克服していく方途の開発は、工夫に満ちた面白さのある分野である。

三、漢字の学習

現行の小学校の「学年別漢字配当表」には、第一学年：八〇字、第二学年：一六〇字、第三学年：二〇〇字、第四学年：二〇〇字、第五学年：一八五字、第六学年：一八一字の、都合一〇〇六字を割り当てている。橋本幸二「漢字教育　学年別配当表を見直せ(1)」は、中・高での教学経験に立って、「子どもたちの身近な生活の中で使用頻度が高いのに、なぜか外されている漢字が少なくない。」ことを指摘し、たとえば「浮」や「沈」など学校のプール活動とも関わる漢字を優先的に配する必要性を説くとともに、「併せて覚えれば簡単なのに、わざわざ切り離して別々の学年で教える」ことへの疑問を呈する。たとえば、「昼」と「夜」、「東」「西」「南」「北」はいずれも第二学年に配されるものの、「一」「十」「百」「千」は第一学年で教え、「万」は第二学年。「深」は第三学年で、「浅」は第四学年。「階」は第三学年で、「段」は第六学年。「君」は第三学年で、「私」は第六学年。因みに、「私」の訓は現行では「わたくし」のみとなるが、また、「公私」と熟されることの多い「公」は、第二学年である。確かに、漢字の同義あるいは反義、また、その熟語などを斟酌して配当する配慮は、語彙力をつける観点からも有効性が高いとも思われる。

二〇一九年五月一日、平成天皇の譲位にともない徳仁親王が即位し、元号は「平成」から「令和」に改元された。

「令」は第四学年、「和」は第三学年に配当される漢字である。その典拠は、『万葉集』巻五「梅花謌卅二首并序（梅花の歌 三十二首、并せて序）」の、

　于時、初春令月、気淑風和、梅披鏡前之粉、蘭薫珮後之香。（時に、初春の令月にして、気淑《よ》く風和らぎ、梅は鏡前の粉を披き、蘭は珮後の香を薫らす。）

にあるという。「令月」の「令」は、よいの意。「和」は、和らぐ意であるが、聖徳太子の「十七条憲法」に「以和為貴（和を以て貴しと為す）」とあることでも知られる。「令和」の二文字は文字としても親しみやすさがあるといえる。

　また、漢字の効率的な学習効果のためには、漢字の成り立ちの面にも押し広げて理解を深化することも必要である。ここでは、先の「公私」と熟される「私」と「公」に例を求めたい。この二字には、どこかに共通している部分がある。その共通項となる「ム」はどのような意味をもつのか。文字学の方面でいろいろな説が行われている。耕作に使う鍬の象形で、鍬を使って自ら耕作を営む、自分自身で働くことから、いわゆる「私」というものの主体、「私」という概念を表すという。別な解釈によると、「ム」はいわゆる腕、かいなを表し、まさに自分のものであることを主張すべく、腕で囲むことに由来する。もう一つ、この「ム」は、「これ、私の」と人差し指で鼻のてっぺんあたりを指して主張する。何で額を指さないで、「鼻」を指すのか。その顔を横から見れば、その指の先の鼻こそ「ム」の形にほかならなず、その「ム」が私の概念を表す。因みに、「ム」は、辞書にいわゆる「私」という字の源流として載ることを付記する。

　古代の農耕社会において、大切な所有物は「禾」（穂を垂れている植物の形にかたどる）、すなわち穀物である。その「禾」に私有する意味の「ム」を組み合わせて、「私」という字が誕生する。すなわち、「意」（意味）を「会」（合わせる）した「会意」文字である。また、「ム《シ》」が音符でもあって形声文字の面をあわせもつ。

その一方で、「公」の字の上部にある「ハ」は、物事に背く、あるいは物事を開放する意味合いを表す。当然、閉ざしていたものを開くことになるから、ものを人に分ける、与える意味をもつ。したがって、囲って「私」にしていたものを開き放つ、公に提供する、「公」にする意味合いを表すといい、これも会意文字となる。

いわゆる「公」と「私」とを対比的に理解することが可能であり、文字を日常性の中で理解する適材ともなる。折に触れて、さまざまな文字のパーツ等に着眼したコメントをレポートしておくと便利でもある。また、児童生徒に自らの関心・興味にしたがったミニレポートに挑戦させることも発見型の楽しい教材となる。

四、漢字の「離」と「合」

ところで、「私」は偏と旁とから成り立っている。裏を返していえば、偏と旁に分解することができるということになる。いわゆる「偏《へん》」「旁《つくり》」「冠《かんむり》」「脚《あし》」「構《かまえ》」「垂《たれ》」「繞《にょう》」といった文字構成の部位素があり、少なくともその部位によって分解することが可能である。したがって、その「離」（分解）と「合」（合成）による文字的な遊戯が古くから存在した。それは漢字の文字としての特性に負うものでもあろうし、もちろんその部位素を越えた分解もあり得る。

陳の徐陵の『玉台新詠』巻十所収の「古絶句」は、いわゆる隠語詩として知られている。

藁砧今何在　（藁砧　今　何《いづ》くにか在る）
山上復有山　（山上　復た山有り）
何当大刀頭　（何《いつ》か当に大刀の頭なるべき）
破鏡飛上天　（破鏡飛びて天に上る）

起句において、「藁砧」の「砧」字は「砆」字と同義となり、さらに「砆」字は「夫」字に音通して、夫はどこにいるか、の意味となる。注目すべきは承句の「山上　復た山有り」である。「山」字の上に「山」字がある意で、「山」字に「山」字を重ねると「出」の字となるとの謎語であり、夫は出かけて留守であるとの意味を表す。第三句の「大刀頭」は、「大刀」の出土文物に明らかなように、その「頭」の部分には形態的に「環《わ》」が付帯している。「環」字は、帰還を意味する「還」字に音通し、夫の還りはいつごろかとの意味となる。結句の「破鏡」は、月の形状をたとえた語で、「破」は二つに破《こわ》れることを意味する。その形状は半月を表し、上弦あるいは下弦の月が天空にかかる時節を指していう。また「破」字は、満ちた月が欠けた結果でもあろうから、それは下弦の月の出る時節との解釈ともなろう。

　詩全体が謎語で構成される逸品であるが、「山上復有山」は、「出」字を真ん中から一刀両断する謎語であった。この五字が『万葉集』の歌の表記に出現することはすでに記したが、こうした文字の遊戯は、夙に日本にも伝来して親しまれたと見られる。『古今和歌集』『百人一首』の文屋康秀の次の詠は、

　　吹くからに秋の草木のしをるればむべ山風をあらしといふらむ

「山風」と「あらし（嵐）」に漢字の離合を取り入れた例である。同じく『古今和歌集』の紀友則の詠には、

　　雪ふれば木毎に花ぞさきにけるいづれを梅とわきておらまし

「木毎」と「梅」に漢字の離合が見えている。(2)

　こうした古典の事例に加えて、今日日本の長寿社会にあってはその「賀寿」の呼称にも例を拾うことができる。八十八歳の祝いを「米寿」と呼ぶのは、「米」を「八」+「十」+「八」と分解するからにほかならない。八十歳を「仐（傘）寿」、八十一歳を「半寿」、九十歳を「卆（卒）寿」、百八歳を「茶寿」というのも同様の文字の分解による。核家族化したとはいえ、今日的な長寿社会の生活にかえって生命力を増したことばといってよい。この今

目的な「賀寿」の話題から古典の世界にアプローチしていく取り組みはかえって斬新である。
また一昔以上も前の話になるが、石野真子が歌って大ヒットした「春ラ！ラ！ラ！」の歌詞は、

春という字は三人の日と書きます

と始まる。「三人の日」は、まさに「春」という字の一つの「離」（分解）の結果であり、成る程と感心させられたものだが、歌詞は「あなたと私と　そして誰の日」と問いかけると、「あなたが好きになる前に、ちょっと愛した彼かしら」と展開する。作詞は伊藤アキラ、作曲は森田公一。

思えば、「立」「木」のそばで「見」守る人が有り難くも「親」の存在であるし、はては「二階の女が気にかかる」とは車寅次郎ことフーテンの寅さんが妹「櫻」の名前を紹介していう台詞としても名高い。それは「二貝の女が木にかかる」との、「櫻」という旧字体（繁体字）の字を「離」したものに他ならない。文字を誤ることなく覚える秘訣を秘めてもいる。あるいは「コ」「ロ」「ナ」を合わせれば「君」になるという。

中国六朝の劉宋の劉義慶の撰になる『世説新語』「簡傲」篇には、竹林の七賢として名高い呂安が嵆康を訪ねたときの「題鳳」の故事がある。「鳳」字は、分解すれば「凡」「鳥」となる。不在の友たる嵆康、あるいは不在の嵆康に代わって応対すべく現れた兄の嵆喜に投ぜられたと解釈される。「鳳」字と「凡鳥」は、百鳥の王である「鳳」に対して「凡鳥」すなわち平凡・凡庸な鳥（「鳥」は罵語としても使われる）の意味で、その正反対の意味的な対比に妙味がある。また、唐代伝奇「謝小娥伝」は、段居貞と結ばれた謝小娥が各地に運漕して商売する道途で、謝の一族ならびに亭主の段居貞とその兄弟こぞって殺害され、自らも胸を切られ足を折られながら生き延びて、父と夫（段居貞）の夢告によって加害者の名前の謎語を教えられ、その敵討ちを果たす物語である。この謎語を解いたのが作者の李公佐であり、かくて謝小娥は男装して天下を経巡り賊一味の家の使用人となって本懐を遂げる。その謎語は、父を殺した者が「車中猴、門東草」、夫を殺した者が「禾中走、一日夫」で、「申蘭」と「申春」の両名であ

ると李公佐が謎解きする。いま「春」の字に注目すれば、先の「三人の日」に対して「一日の夫」に分解される。同じ文字でも、方や「三人の日」に、方や「一日の夫」に分解される、その一通りならざる「離」の妙趣が実感される。因みに、慶應義塾大学支那文学科卒業の柴田錬三郎の小説『赤い影法師』において、真田幸村が埋蔵金を探すにあたってこの「謝小娥伝」の謎語を絡めている。

なぞなぞパズルを解く遊戯的感性を今日なおも共有し得るところに出発して、古い時代の人々との近しい心的な交流を育み得るものと考えられる。

五、漢語の成り立ちと意味理解

漢字が組み合わされた「漢語」の世界は、その漢字の意味を捉え、そのことばとして成り立ちや構成に立ち戻って考えてみると、そのことばの奥深くを理解できるようにも思われる。たとえば、「地震」は、大地が震うことを表している。上にくる漢字が主語で、下にくる漢字が動詞であるという構造をもつ。「読書」は、「読書の秋」とかいうように、「読書」という二字の熟語によって反射的にその意味がイメージされる。ただ、その意味をことばの成り立ちにしたがってもう少し具体的に考えるならば、その文字の間にレ点を打って、「書を読む」と漢文流に読み変えてやることができる。こうすると意味が明瞭になる。漢語それぞれの成り立ちを踏まえた上で、その言葉をもう一度見直してみることは、漢語の意味合いと成り立ちをより深く認識することにつながる。特に、小学生の時に勉強したのと高校生・大学生・大人になって見直してみたのとでは、分析力や理解力に飛躍的な違いがある。広範囲の教養が身について分析・理解する力というものが伴ってくるから、その昔は薄ぼんやりと「……かな?」と思っていたものが確かな意味合いですんなり理解されることにもなる。

そこに意外な意味空間の発見も伴うと思われる。一例として、「民主」という語を考えてみたい。「民主」といえば、「民主主義」をはじめ、複数の政党名にも使用される。それは、「民が主《あるじ》」であること意味するように理解されている。しかし、古い中国の用例を洗ってみれば、『春秋左氏伝』襄公三十一年の条の、叔孫豹が趙孟の死を予言した言葉のなかに次の記述がある。

　其語偸、不似民主。（其の語偸《うす》くして、民の主たるに似ず。）

「偸」は、なおざりの意。「民主」は「民の主」「民のかしら」「民にとっての主」の意で、「君主」と同様の意味を表すことが知られる。[3] 趙孟のことばがなおざりで、民の長のようには見えないことをいったものであった。

この「民主」の意外な意味に加えて、「民」の字は、そもそもが取っ手のついた錐の形に象るとも、目を針で突いたさまを描いたもの、目を見えなくした奴隷を表す、という。つまり、「たみ」は、統治される人々で、無位無官の庶民、広く民衆を意味する。その視力を失い自由を奪われたものを象徴する文字の成り立ちは、「たみ」の今日的意味からは想像を絶する意外な事実といわざるを得ない。

また「主」は、祭壇の燭台の上で灯火がじっと燃えているさまを描いた象形文字で、「丶《チュ》」は燃える火を表す。神火を守る者の意から転じて、ぬし、あるいは、あるじの意味が生まれたという。「民主」も「民のぬし」と解すれば、隠然として不快をともなう語となる。

のみならず、四字熟語、故事成語に関しても、意味とことばの成り立ちの観点からアプローチすることも肝要である。たとえば、「傍若無人」とは「どんな意味か?」と聞かれたら、何と答えるか。辞書を繰って出てきた意味をコンパクトに覚えておくのもいいが、その四字がどのように意味を表しているのかを見つめることも重要である。日本においては訓読する、書き下し文にするという方法もある。そうした方法によった方が理解が早い場合もある。返り点を付けた「傍若レ無レ人」を書き下し文にしてやると、「傍らに人無きがごとし〔若《ごと》し〕」となる。それを見れば、「ああ、なるほど！」と意味がすんなりと入ってくるのではないか。漢語の世界を理解するとき、既知の読む力や知識を動員して見つめ直すということが非常に重要なのではなかろうかと思われる。いわゆる漢文訓読を棚に上げて別物として向きあうのではなく、日常の場で折々に出現することばの理解に活用する仕組みを心掛けることが大切になる。

中国には多様な故事成語の世界があるが、その中に「推敲」の故事がある。唐の賈島が、自分が詠んだ「僧は推す月下の門」の詩句の「推」字をそのままにするのがいいか、それとも「敲」の字に変えた方がいいか、悩みぬく。その時、すでに名声を得ていた韓愈に出会って、「敲」の字がよいと教えられ、なるほどと得心してその字を採ったことで知られている。今日なおも「文章を推敲する」のように使うが、たかが一文字だけれども、それが非常に大きな意味をもつ。いわゆる中国の故事成語の世界において、一文字を教えてくれた先生をいう「一字の師」の故事がいろいろに伝わる所以でもある。

「辞書」にはさまざまな情報が満載されている。辞書は、単にその語句の意味を調べるだけのものではない。漢字の成り立ちの説明や度量衡・年表等の諸情報も含めて広く利用していく方法も有効な学習の手段であるにちがいない。

六、句読点のいたずら

漢字には、形・音・義という三要素がある。「推」か「敲」か、その義にも関わる用字の思案に由来する唐代の故事であったが、漢字の特性として、一つの漢字が複数の意味をもつこと、すなわちその多義性を挙げることができる。この漢字の多義性に関する話題として紹介したいのは、『水滸伝』第七十九回の一節である。

『水滸伝』は、明の四大奇書の一つに数えられる長篇小説である。その物語は、「説話《シュオホア》」と称される語り物の世界に胚胎してきたもので、「講釈的《シュオホアダ》（講釈師、語り手）」が語る体で「白話」とよばれる口語の文体が機能する。漢文といえば、「孔子」の教えや『史記』の史伝の世界などをすぐに思い浮かべるかもしれないが、その孔子の言を記録した『論語』や漢の武帝に仕えた司馬遷が著した『史記』の、いわゆる「文言」の文体とは異なる。「白話」の「白」は、生地のままで飾りがないさまをいい、「白話」はいわゆる口語を意味する。また「白」には「建白」の「白《もうしあげる》」、『仮面の告白』や「自白」の「白《つげる》」の意味もある。「白話」と「文言」（文語）は中国の文章の世界で対比的に言及されるが、一般に「白話」で書かれた作品は高等学校の古典「漢文」の教材にその原文が入ることはない。ただ、ここで取り上げてみたいのは、『水滸伝』の中のいわゆる文言で記載された部分である。

さて、『水滸伝』は、宋江をはじめ「好漢《ハオハン》」と呼ばれる百八人の英雄豪傑たちが世の中の政治が「無道」であるから、山東省は「水」の「滸《ほと》り」の要塞、梁山泊に集結して、世直しのために行動を起こす。「四海の内は皆兄弟」であり、「替天行道（天に替《か》はりて道を行ふ）」をスローガンとする。「天」とは、いわゆる天帝であり、同時に、その信任を得てこの世で政治を行う皇帝をも意味する。まさにその「天」に替わって一つの「道」を行うというのであるから、この世の皇帝に対してのアンチテーゼとなる。為政者は当然彼らを殲滅すべく軍を送るけれども、彼らは強く容易に勝てない。ならば、いっそその強い彼らを「招安」（帰順させる意）し、王朝に帰順した彼らを世のなかに起こっていた他の反乱を鎮圧する先兵として使おうとしたわけである。

第七十九回後半の「宋江再び高太尉を敗る」の物語に、朝廷側の大将で散々に負けた高太尉のもとに派遣された勅使が、宋江たちを帰順させる詔勅をもたらす。その勅書は「文言」で書かれているので、漢文訓読で読むことができる。この済州の役所に勤める王瑾は、「剜心王（心臓えぐりの王《ワン》）」と渾名《あだな》される刻薄残忍な老吏で、その写しを読むや、高太尉にずる賢い策を献じる。詔書で最も重要なところは真ん中の次の一行にある。(4)

除宋江盧俊義等大小人衆所犯過悪並与赦免

中国の古典文献は、基本的に句読点の付いていない「白文」が前提となる。そこに読み手が文意を理解して句読をつけることになる。この詔勅は、宋江ならびに盧俊義らを赦免するのが目的であり、本来は、

除㆓宋江・盧俊義等大小人衆所㆑犯過悪㆒、並与㆓赦免㆒。

（宋江・盧俊義等の大小の人衆の犯せる所の過悪を除《ゆる》し、並びに赦免を与ふ。）

との文意に理解される。しかし、王瑾は一見するや、この句に着眼して、「除宋江」の後で切って読むように提言する。すなわち、句読点は次のように変わる。

除㆓宋江㆒、盧俊義等大小人衆所㆑犯過悪、並与㆓赦免㆒。

（宋江を除《のぞ》き、盧俊義等の大小の人衆の犯せる所の過悪、並びに赦免を与ふ。）

もちろん訓読も変更を生じて、宋江のみ赦免の対象者から除外されることになる。つい先走ってしまったが、王瑾自身の説明に耳を傾けてみたい。

この一句はあいまいな言葉でございます。そこで、こんど開読なさいますときには、これを二句に分けてお読みになって、「除宋江」を一句とし、「盧俊義等大小人衆所犯過悪、並与赦免。」を別の句にするのでございます。そしてやつらをだまして城内へおびきいれ、頭の宋江だけをとりおさえて殺してしまい、手下のものどもをみなちりぢりにわけて、ほうぼうへ追いやってしまうのです。

悪知恵者というほかない。本来、冒頭の「除」は許すという意味で、宋江と盧俊義たちを除《ゆる》す意味で書かれたものと解釈される。ところが、ここで「徐宋江」の後で切って読むと、「宋江を除き」の意味となり、この「除」は排除する、取り除く、除外する意味に一変する。宋江を除外して、盧俊義らはみな赦免されるというコンテクストになる。

「宋江」と「盧俊義等」を並列で読ませる文意を、読点を一つ加えることによって一変させる。その同様の例は日本語の文章にもよくあり、小学校低・中学年の学習内容となる句読点の打ち方に通底する話題にほかならない[5]。一種のマジック的な文章読解法が王瑾の老練な頭脳に内在していたのである。その起死回生の一手を使って、にっくき敵の頭領たる宋江をやっつけ、ひいては彼らを殲滅しようとの算段であった。

この秘術で肝心なのは、コンテクストの中で自然に発生する「除」の字義の変化であった。それは、漢字が多義的な性格を持ち、前後のコンテクストの中で意味を表すことに起因する。漢和辞典を引くと、それぞれの漢字に多項目の意味が出てきて、どれをどうとったらいいのか、分明にならない場合もある。漢字の多義性による悩みである。

まさに『水滸伝』の「除」の場合も、その例外ではない。整理してみれば、本来この「除」は、赦免の「赦」に通じ、許す意味をもつ。熟語でいえば、「免除」の「除」がこれにあたる。その漢字を含めて熟語化してやれば、非常に理解しやすいのである。その他、「除」の取り除く意味は、「排除」や「除外」から考えれば非常に分かりやすい。また、「除」には、任官する、官職につけるという意味もある。「除目」の「除」でもあるわけで、動詞として複数の意味をもっている。

加えて、漢字は多義的な性格のため、漢字一文字で使われると意味的に不安定になりがちである。まさに王瑾が目を付けたのは単独で使われた「除」字の意味的な不安定さにあった。裏を返していえば、熟語化することによって漢字一字の字義の不安定性は解消し得る。そこに熟語のもつ意味合いがある。他の漢字と結びつくことによって一つの意味的な安定性を獲得し得る特徴は、漢詩文を読み、解釈を試みるのに有用な方法でもある。ふと出てきた漢字をどう理解して、解釈するか。その場その場で、意味的に適合するその漢字を含んだ熟語を考えてやることで理解力は向上する。そういう一連の思考のトレーニングの持続が漢詩文の読解力の育成には有効であると考えられる。[6] こうして日常普段に漢字、漢語、そして漢文に向き合い、徐々に距離を縮めて近しくなると、一つの思考の世界が飛躍的に向上するのではなかろうか。

『水滸伝』の先のストーリーは、あまり褒められたものではないが、悪意に満ちた老吏の「生きる力」が発揮されている。漢字・漢語の言語的特性に由来する一種の知恵でもある。その悪意に満ちた理解も、生活のなかにおいて、ことばのルールを犯すことなくもち得た一つの可能な意味ということができる。

七、「漢字」をめぐる戦前・戦後（1）

二〇二〇（令和二）年八月十五日、日本は七十五回目の終戦記念日を迎えた。その日を前に、広島・長崎の原爆忌に際しては、絶えざる時の流れとともに生き証人たる被爆者の方々が高齢化・老齢化するなかで、被爆の現実を風化させることなく、平和の尊厳を後世に語り継ぐことの重要性、そしてその難しさがあらためて問い掛けられた。戦後七十五年の歳月は、まさに重い意味をもつが、そこからおよそ十年を溯った二〇一〇年六月七日、文化審議会は「改定常用漢字表」を答申し、この答申を踏まえて同年十一月三十日に内閣告示された。ここに戦後の漢字をめぐる問題は新たなステージを迎えたが、この「改定常用漢字表」に言及する前に、今から三十余年前の一九八九年、すなわち戦後四十余年の時期に書かれた中田祝夫「漢字不滅を体験して―敗戦後の国語問題の回想―」[7]に注目しておきたい。「1　序章」の冒頭で、諧謔的に問いかけている。

日本人は忘れっぽい、楽天的だなどという。これはどういう事実をさしていうのだろうか。その正確な意味は知らないが、ついこの間―といっても、もう四十年以上も昔のこととなったが―敗戦占領下の日本で、漢字危機が進行していたということを、今日の日本人はもうすっかり社会的に忘却しているような気がする。

ここにいう「漢字危機」とは、ポツダム宣言を受諾した敗戦国日本において、「漢字廃止のことが占領軍によってかなり執拗に暗示され、指示され、日本の政府もその動向に追随することが義務づけられていた」という占領下での特別な事情に由来する一大事であった。タイトルの「漢字不滅」をめぐる歴史的な談義の記載に、漢字制限の意義と展開がトレースされるが、およその三十年を経過しての「改定常用漢字表」の登場は、とりわけ戦後の「危機」的な出発点からすれば、漢字制限とその廃止のシナリオを超克する転調の境界線と位置づけ得るものかも知れない。

戦後、連合国軍総司令部（GHQ）は、婦人参政権、労働組合法の制定、教育制度改革、圧政的な法制度の撤廃、経済の民主化という五大改革を指令するなど占領政策を展開する一方、一九四六（昭和二十一）年三月から一カ月近く滞在したアメリカ教育使節団は、日本語のローマ字化の勧告を含む報告書をGHQのマッカーサー元帥に提出する。その間、日本政府の側では、敗戦三カ月後の十一月二十七日に国語審議会第八回総会が開催され、国語問題の解決こそ日本再建の基礎となる、漢字の複雑かつ無統制な使用は文化の進展に大きな妨げとなるとの認識のもとに、「標準漢字表再検討に関する件」の審議が始まった。

この「標準漢字表」は、戦中の一九四二（昭和十七）年六月に国語審議会が答申したもので、常用漢字：一一三四字、準常用漢字：一三二〇字、特別漢字：七四字の二五二八字から成っていた。しかし、戦前の当時にあっては、漢字を廃止しようとするものだと攻撃にさらされ、文部省は、漢字の区分を撤廃して一四一字増補した二六六九字を「概ネ義務教育ニ於テ習得セシムベキ漢字ノ標準」として発表したのであった。

いま日本の近代にひるがえってみるに、いわゆる「国字」をめぐる論議(8)は、明治維新に先立つ一八六六（慶応二）年、前島来輔（のちに密と改名）が将軍徳川慶喜に奉った「漢字御廃止之議」の建白が先駆けとなった。前島は維新後も、四民平等に基づく国民の教育を普及する理念のもと、漢字を廃して仮名を専用することを主張した。その後、一八六九（明治二）年には、大学頭山内豊信（容堂）に南部義籌《かず》が「修国語論」を建白して、漢字を廃してローマ字の採用を主張した。仮名、ローマ字の主張がある一方で、福沢諭吉は一八七三（明治六）年十一月、『文字之《の》教《おしえ》』の端書第一条に、

> 日本ニ仮名ノ文字アリナガラ漢字ヲ交ヘ用ヒルハ甚タ不都合ナレトモ往古ヨリノ仕来リニテ全国日用ノ書ニ皆漢字ヲ用ルノ風ト為リタレバ今俄ニ廃セントスルモ亦不都合ナリ（略）

と漢字を廃することの困難さを挙げて時節の到来を待つべきを説き、第二条には、その廃止の時節に備えるべく、

> 其用意トハ文章ヲ書クニ。ムツカシキ漢字ヲバ成ル丈ケ用ヒザルヤウ心掛ルコトナリ。ムツカシキ漢字ヲサヘ用ヒザレバ漢字ノ数ハ二千カ三千ニテ沢山ナル可シ

と提案する。難しい漢字を使わなければ「二千カ三千」という具体的な漢字の数をもあげ、「此書三冊[9]ニ漢字ヲ用ヒタル言葉ノ数。僅ニ千ニ足ラザレトモ一ト通リノ用便ニハ差支ナシ。（略）」とも述べている。

漢字廃止を視野に入れて使用制限をする主旨であるが、その他、英語を国語に採用すべしと論じたのは、後に初代文部大臣を務める森有礼であった。その考えは外交官としてアメリカ赴任中の一八七三（明治六）年に著した『Education in Japan』の最後に公には論ぜられている。イギリス留学中の馬場辰猪がその意見に反駁を加えたことも知られる[10]。

やがて国字の問題は、仮名、ローマ字を提唱する種々の団体が相次いで結成され、主張と論争を繰り広げた。一方、一九〇〇（明治三十三）年には、大阪毎日新聞社社長の職にあった原敬が一月に「漢字減少論」を掲載、二月には「漢字減少論補遺」を、四月には「ふり仮名改革論」を連載した。同年八月には、文部省は「小学校令施行規則」第一章第一節第十六条の内に、「尋常小学校ニ於テ教授ニ用フル漢字ハナルヘク第三号表ニ掲クル文字ノ範囲内ニ於テ之ヲ選フヘシ」と一二〇〇字を掲出した。一九〇二（明治三十五）年三月、文部省に国語調査委員会が設

置され、官立初の国語調査機関として漢字節減、文体、仮名遣いなどの調査に基づく業績を上げ、一九一三（大正二）年には廃止された。その後、一九二一（大正十）年六月には、国語国字問題に関心のあった原敬首相（同年十一月四日暗殺さる）の内閣で文部省に臨時国語調査会が設置され、一九二三（大正十二）年五月には「常用漢字表」（一九六二字）がまとめられた。

この「常用漢字表」が、現行の「〔改定〕常用漢字表」とは同称異体であることはいうまでもない。漢字節減の気運が高まりつつある中、新聞界は同年八月六日、漢字制限を実行する時機の到来を報じて臨時国語調査会の決定を支持・実施する「宣言」を掲載した。しかし、実施を期した九月一日に不測の関東大震災が発生し、一時中止のやむなきにいたった。その後、一九二五（大正十四）年六月一日には、新聞十社が「漢字制限に関する宣言」を掲載し、「文部省常用漢字を基礎として、協同調査の結果、約六千に及ぶ現代新聞紙の使用漢字を約三分の一に限定することができました。」と報じ、制限は広告欄にも及ぼして「漢字を制限することによつて、広告を親しみ多きものとし、読みやすく、わかりやすく、そして効果多きものとすることは疑ふ余地もありません。」と宣言した。やがて「常用漢字表」は一九三一（昭和六）年五月に修正を加えて一八五八字が発表されたが、同年九月の満州事変の勃発により、中国の地名や人名の報道に制限が不能な状態に立ちいたった。

地異と有事に祟られた「常用漢字表」であったが、その後、一九三四（昭和九）年十二月に設置された国語審議会は、過去の国語調査委員会や臨時国語調査会に増した調査・審議機関として、文部大臣の諮問事項の一つであった「漢字ノ調査ニ関スル件」に関連して、一九三八（昭和十三）年には「漢字字体整理案」を、一九四二（昭和十七）年には先に記した「標準漢字表」を答申するにいたったのであった。しかし、戦時下にあって漢字制限への批判にさらされた文部省が取った対応はすでに記したとおりである。戦前の漢字制限をめぐる動向は時局に左右されつつ、問題は戦後に引き継がれる。

八、「漢字」をめぐる戦前・戦後（2）

一九四五（昭和二十）年八月十五日に敗戦を迎え、この時局の変転のなかで、すでに記したように敗戦三カ月後の十一月二十七日開催の国語審議会第八回総会で、戦前に答申された「標準漢字表」が再審議されるところとなった。戦前の文部省が独自に修訂を加えたことに対する懸念が表明されるとともに、具体的な作業が進められて、翌一九四六（昭和二十一）年四月八日開催の第十四回委員会で「常用漢字」一二九五字が選定されるにいたった。この「常用漢字」は、「標準漢字表」の常用漢字一一三四字から八八字を除き、準常用漢字から二四九字を採り、特別漢字は全面的に不採用として一本化したものであった。しかし、この委員会の決定をうけて開催された国語審議会は四月二十七日と五月八日の両度（第九・十回）の審議を経ても採決にはいたらず、「漢字に関する主査委員会」を作ることを決めて「常用漢字」は頓挫する結果となった。

新しくスタートした「漢字に関する主査委員会」は、六月四日から十月十六日まで二十三回の委員会を毎週開催し、十月一日には「当用漢字表」を名称とすることを決定。十一月五日開催の国語審議会第十二回総会で議論を重ね、満場一致で一八五〇字を可決、答申するにいたった。敗戦直後の十一月に開催された国語審議会からわずか一年。早くも十一月十六日には「現代かなづかい」（国語審議会第十一回総会で採択・答申）とともに公布された。「当用」とは、当座、差し当たって、を意味するという。その二字が意味するところは、漢字の制限、あるいは漢字の廃止の方向性、進捗の具合と連動して推移・変容するはずのものであった。同年四月に公表されたアメリカ教育使節団の報告書には、漢字は一般的な書き言葉としては全廃され、音標文字としてローマ字の採用されるべきことが勧告された。そのGHQやアメリカ教育使節団の占領下日本の国語改革への関心が深い情境下で、「漢字仮名交じり文」の改革、漢字制限に関わる議論の推進には、日本側に主体性を貫く意図が働いたと考えられる。

さらに、義務教育九年間で教える範囲を定める「義務教育用漢字主査委員会」の検討が一九四六（昭和二十一）年十月から翌一九四七年八月まで三十三回開催され、「当用漢字別表」の八八一字が選定された。一九四八（昭和二十三）年には「当用漢字音訓表」、翌年に「当用漢字字体表」が告示され、字数・字種・音訓（読み方）・字体に関する新たな枠組みが公になり、「現代かなづかい」と相俟って、教育界はもとより、官公庁文書・新聞・雑誌・広告などにまで幅広く行き渡ることになった。

一九五〇（昭和二十五）年八月に来日した第二次アメリカ教育使節団の報告書（同年九月）には、国語改良の努力をもって「当用漢字音訓表」、「当用漢字別表」による漢字制限、仮名遣いの改良が推進され、ローマ字使用とその教育が増加したことを評価して、全面的な日本語のローマ字化の勧告は退色したといえる。

他方、その変化の理由には、一九四八（昭和二十三）年八月に実施されたＧＨＱのＣＩＥ（民間情報教育局）による「日本人の読み書き能力調査」があると考えられる。調査は文部省、教育研修所（後の国立教育研究所）の協力の下、十五〜六十四歳を対象として全国二七〇カ所で、層別多段無作為抽出法で行われた。結果は、全国平均で「不完全文盲」（漢字一字も読めないもの）二・一％、「完全文盲（仮名一字も読めないもの）」一・六％、十五〜十九歳および二十〜二十四歳ではそれぞれ〇・二％の低率であった。その現実の数字は動かし難いもので、ローマ字化の積極的な裏付けとならなかった[11]。

かくて「当用漢字表」は、一九八一（昭和五十六）年に新たな「常用漢字表」が告示によってその使命を終わるまで、呼称に「当用」の二字を帯びながら戦後三十五年の長きに及んで用いられた。因みに、新たな「常用漢字表」の一九四五字という字数は、当用漢字の字種を継承し、かつ九五字を追加したもので、これに伴い当用漢字の別表・音訓表・字体表も廃止された。

この「常用漢字表」答申の前文には、「言うまでもなく、我が国の表記法として広く行われている漢字仮名まじり文は、我が国の社会や文化にとって有効適切なものであり、今後ともその機能の充実を図っていく必要がある。」と指摘する。「漢字仮名まじり文」を前提とする施政方針がいわば公明正大に謳われ、敗戦直後からの懸案が新たな時代を迎えたことを宣言する意味をもったように理解される。しかし、「常用漢字」もその後の社会的、IT技術の変革の潮流のなかで見直しが問われ、そのありようが諮問されるにいたった。

九、「改定常用漢字表」の答申

二〇一〇（平成二十二）年六月七日、文化審議会は、二〇〇五（平成十七）年三月三十日に文部科学大臣から発せられた諮問の一つ「情報化時代に対応する漢字政策の在り方について」に対する漢字小委員会・国語分科会での審議検討を踏まえた「改定常用漢字表」を答申した。その骨子は、従来の常用漢字から五字を削減し、一九六字を追加するもので、同年十一月三十日に内閣告示された。ここに「常用漢字表」は一九八一（昭和五十六）年の告示から二十九年、敗戦から数えて六十五年を経て改定されたが、改定は教育の現場にも多くの影響を及ぼすものとなる。この国語政策上の転換点において、漢字・漢語・漢文に関する教育現場の状況と教学の実践知を検証しておくことは、将来的にも一つの大きな意味をもち得るものである。

文部科学大臣の諮問理由は、以下のようなものであった。

種々の社会変化の中でも、情報化の進展に伴う、パソコンや携帯電話などの情報機器の普及は人々の言語生活とりわけ、その漢字使用に大きな影響を与えている。このような状況にあって「法令、公用文書、新聞、雑誌、放送など、一般の社会生活において、現代の国語を書き表す場合の漢字使用の目安」である常用漢字表

（昭和五十六年内閣告示・訓令）が、果たして、情報化の進展する現在においても「漢字使用の目安」として十分機能しているのかどうか、検討する時期に来ている。

この日進月歩というべき情報テクノロジー全開の時代が到来するなかで、従来の「常用漢字表」に基づく言語生活への問いかけから始まる。旧来の枠組みと現実的な漢字使用との乖離は、確かに日増しに実感されるところでもある。

常用漢字表の在り方を検討するに当たっては、ＪＩＳ漢字や人名用漢字との関係を踏まえて、日本の漢字全体をどのように考えていくかという観点から総合的な漢字政策の構築を目指していく必要がある。その場合、これまで国語施策として明確な方針を示してこなかった固有名詞の扱いについても、基本的な考え方を整理していくことが不可欠となる。

漢字の表示や印字と字体の問題、清新な命名と関わる人名用漢字などは、常用漢字に基本を置く一方で、現実的にさまざまの葛藤をも生んでいる。日本の漢字全体にわたる観点は、ＩＴ社会が進捗する中で制限と開放との大きな揺れ幅の渦中にある。なかんずく、日々の言語生活でとりわけ大きな変化が及んでいるのは「書く」方面にほかならない。

また、情報機器の広範な普及は、一方で、一般の文字生活において人々が手書きをする機会を確実に減らしている。漢字を手で書くことをどのように位置付けるかについては、情報化が進展すればするほど、重要な課題として検討することが求められる。検討に際しては、漢字の習得及び運用面とのかかわり、手書き自体が大切な文化であるという二つの面から整理していくことが望まれる。

技術革新の著しい昨今、ルネッサンスの三大発明も、羅針盤はＧＰＳに、火薬は核エネルギーに、そして活版印刷術は手軽なプリンターに取って代わられ、およそ終焉の時代を迎えつつある。印刷を例にとれば、誰もが手軽に即座に印字・印刷できる環境はいとも至便なもので、その恩恵に浴して文字の上手下手を品評される懊悩から解放された人も少なくない。世代間での差もあろうが、文章もキーボードを「打つ」あるいは「叩く」、そして音声入力の時代に変容をとげつつあるといえる。その神神しい未来を思うにつけ、ふと懸念されるのが「書く」という行為そのものや毛筆・硬筆の「書法」の意味、そしていわゆる「書」の芸術の意義でもある。引いては、伝統的な文房四宝―筆・墨・硯・紙―の行く末も大いに気になるところである。

「改定常用漢字表」答申のⅠ「基本的な考え方」では、諮問理由に答えるべく、1「情報化社会の進展と漢字政策の在り方」、2「改定常用漢字表の性格」、3「字種・音訓の選定について」、4「追加字種の字体について」、5「その他関連事項」、(付)「字体についての解説」と改定の趣旨を説明するが[12]、その一連の説明のなかで特に注目しておきたいのは、学校教育との関連、とりわけ「書く」という行為と新『学習指導要領』との関わりの問題についてである。

上記答申のⅠ「基本的な考え方」1の(4)で「漢字を手書きすることの重要性」が声高に説かれるその一方で、2「改定常用漢字表の性格」(1)「基本的な性格」には、

1　法令、公用文書、新聞、雑誌、放送等、一般の社会生活において、現代の国語を書き表す場合の漢字使用の目安を示すものである。

2　科学、技術、芸術その他の各種専門分野や、個々人の表記にまで及ぼそうとするものではない。ただし、専門分野の語であっても、一般の社会生活と密接に関連する語の表記については、この表を参考とすることが望ましい。

3　固有名詞を対象とするものではない。ただし、固有名詞の中でも特に公共性の高い都道府県名に用いる漢字及びそれに準じる漢字は例外として扱う。

4　過去の著作や文書における漢字使用を否定するものではない。
5　運用に当たっては、個々の事情に応じて、適切な考慮を加える余地のあるものである。

と位置づけ、「一般の社会生活における漢字使用の目安となることを目指すものであるから、表に掲げられた漢字だけを用いて文章を書かなければならないという制限的なものでなく、必要に応じ、振り仮名等を用いて読み方を示すような配慮を加えるなどした上で、表に掲げられていない漢字を使用することもできるものである。」と補説する。さらに末尾に、次のように付言する。

なお、情報機器の使用が一般化・日常化している現在の文字生活の実態を踏まえるならば、漢字表に掲げるすべての漢字を手書きできる必要はなく、また、それを求めるものでもない。

この「手書き」に関する説明は、従来からの漢字制限の枠組みを緩和するとともに、現実的な生活実態を捉えた寛容な対応と考えられる。その「すべての漢字を手書きできる必要はなく」は、『学習指導要領』と抵触矛盾はしないものか。学校教育の現場との関連から考えてみる必要もある。

十、『学習指導要領』と漢字指導

「改定常用漢字表」が告示された当時、すでに『学習指導要領』の改訂もまた公示されていた。その新しい『学習指導要領』は二〇一〇（平成二十二）年四月から一部先行実施され（小・中の算数・数学と理科、小学校五・六年生の外国語活動）、小学校は二〇一一年度から、中学校は二〇一二年度から全面実施され、高校は二〇一三年度から学年進行で実施（一部を二〇一二年度から先行実施）された。そこに新たに盛り込まれた校種ごとの漢字学習の内容を一覧しておきたい。

まず漢字学習のスタートとなる〔小学校〕[13]である。

第1学年においては、別表の学年別漢字配当表（以下「学年別漢字配当表」という。）の第1学年に配当されている漢字を読み、漸次書き、文や文章の中で使うこと。

第2学年においては、学年別漢字配当表の第2学年までに配当されている漢字を読むこと。また、第1学年の中に配当されている漢字を書き、文や文章の中で使うとともに、第2学年に配当されている漢字を漸次書き、文や文章で使うこと。

第3学年及び第4学年の各学年においては、学年別漢字配当表年の当該学年までに配当されている漢字を読むこと。また、当該学年の前の学年までに配当されている漢字を書き、文や文章の中で使うとともに、当該学年に配当されている漢字を漸次書き、文や文章の中で使うこと。

第5学年及び第6学年においては、各学年学別漢字配当表の当該学年までに配当されている漢字を読むこと。また、当該学年の前の学年までに配当されている漢字を使うとともに、当該学年に配当されている漢字を漸次書き、文や文章の中で使うこと。

この小学校六年間に配当された「学年別漢字配当表」の一〇〇六字（学年毎の配当字数は三、「漢字の学習」を参照）が、その後の教育・学習、そして社会的な言語生活の基礎となることはいうまでもない。当該の学年配当の漢字を「読」み、「漸次書」き、「文や文章の中で使う」という旧指導要領以来の表現には、詰め込みにならない「ゆとり」への配慮もあろうか。加えて、〔文字文化に関する事項〕には、

第3学年及び第4学年：漢字のへん、つくりなどの構成についての知識をもつこと。

第5学年及び第6学年：仮名及び漢字の由来、特質などについて理解すること。

漢字そのもの、漢字と仮名の関わりなどの文化的教養を育む意図も盛られている。

上記の「学年別漢字配当表」の漢字学習を基礎として入学する〔中学校〕[14]では、

第一学年：

(ア) 小学校学習指導要領第2章第1節国語の学年別漢字配当表（以下「学年別漢字配当表」という。）に示されている漢字に加え、その他の常用漢字のうち二五〇字程度から三〇〇字程度までの漢字を読むこと。

(イ) 学年別漢字配当表の漢字のうち九〇〇字程度の漢字を書き、文や文章の中で使うこと。

第二学年：

(ア) 第1学年までに学習した常用漢字に加え、その他の常用漢字のうち三〇〇字程度から三五〇字程度までの漢字を読むこと。

(イ) 学年別漢字配当表に示されている漢字を書き、文や文章の中で使うこと。

第三学年：

(ア) 第2学年までに学習した常用漢字に加え、その他の常用漢字の大体を読むこと。

(イ) 学年別漢字配当表に示されている漢字について、文や文章の中で使い慣れること。

中学校三年間は、まさに小学校の「学年別漢字配当表」を基礎に、その他の「常用漢字表」の漢字の読み・書き、使い方を習得するものである。第三学年で、「その他の常用漢字の大体」を読むこととするが、書くことのコメントは特に書かれず、むしろ「使い慣れること」に重きが置かれている。

小学校・中学校による義務教育を修了して進学する〔高等学校〕では、新たに「共通必履修科目」に位置づけられた「国語総合」[15]において、

常用漢字の読みに慣れ、主な常用漢字が書けるようになること。

と簡明に記された。この内容に関しては『高等学校学指導要領解説〔国語編〕』には[16]、

常用漢字の指導については、中学校における指導との系統性に注意する必要がある。とまず指摘し、「中学校における指導との系統性」に関連して、前引の中学校第一学年・第二学年・第三学年の内容を摘録して十全な理解を求めている。さらには、

「国語総合」では、中学校における学習の上に立ち、常用漢字の音訓を正しく使えるようにするとともに、主な常用漢字が文脈に応じて書けるようになることを求めている。

と、読みと正しい使い方とともに、書くことでは対象を「主な常用漢字」と表現して、文脈に応じた書く力を求めている。その上で、漢字指導に関しては、次のように漢字の成り立ちや特質、他教科・他科目との連繋を意識したポイントを強調する。

漢字の指導は単調なものになりがちである。そこで、漢字の成り立ちや特質に触れたり、国語科をはじめ各教科・科目等における学習用語の多くは漢字で表記されていることを具体的な用例で示したりするなど、生徒の学習意欲が高まるよう工夫する必要がある。

高校の他の国語科目である「国語表現」「現代文A」「現代文B」「古典A」「古典B」の教材でも、「国語総合」の漢字指導の趣旨に沿った指導がなされるものであろうが、「常用漢字表」は改定によって、五字の削減・一九六字の追加がなされた。その追加字種分は、中学校以降のいわゆる「その他の常用漢字」の枠組みを拡張することになり、学習と指導に更なる負担を強いることになることは疑いのない事実であった。

上述した新しい『高等学校学習指導要領』の「国語総合」で「常用漢字の読みに慣れ、主な常用漢字が書けるようになること。」を標榜する方針は、「改定常用漢字表」にいう「すべての漢字を手書きできる必要はなく」と矛盾はなかったのか。ニュアンスの差こそあれ、「主な常用漢字が書けるようになる」は、必ずしもすべての常用漢字を書けることを要求せぬ寛容な指針であったことは確かである。「改定常用漢字表」答申は、5「その他関連事項」

（2）に「学校教育における漢字指導」のタイトルのもとに、

現行常用漢字表の「答申前文」に示された以下の考え方[17]を継承し、改定常用漢字表の趣旨を学校教育においてどのように具体化するかについては、これまでどおり教育上の適切な措置にゆだねる。

と、従来の考え方に変更のないことを明記している。事実としてその教育上の取り扱いは「改定常用漢字表」の答申後に、文部科学省（初等中等教育局教育課程課）が「改定常用漢字表の内閣告示に備え、学校教育における漢字の取扱いについて調査研究を行う。」との趣旨のもと、「常用漢字表改定に伴う学校教育上の対応に関する専門家会議」第一回を七月七日に開催して以来、第二回七月二十六日、第三回八月九日、第四回八月三十一日、第五回九月七日、第六回九月二十九日と検討を重ね、追加字種一九六字の読みは中学校の各学年に割り振ること、改定常用漢字表に基づく新しい表記は小・中・高等学校の全部の教科書について「平成二十四年度以降、適宜行うこと」、高等学校および大学の入学者選抜試験における改定常用漢字表の範囲での出題は「平成二十七年度入学者選抜試験から行うこと」等々の対応策をまとめた「常用漢字表改定に伴う学校教育上の対応について」（まとめ）が提出された[18]。

大学全入の時代が到来するといわれるなかで、小・中・高の教育課程を経て大学へ進学する従来の環境を想定すれば、入学試験における問題文・設問の文字使用、とりわけ漢字の書き取りにおいても、基本的にその目安を「改定常用漢字」とする枠組みに特段の変更はない。仮に漢字の使用範囲と出題方法に何らかの断り書き等が加わるにしても、「改定常用漢字表」は学習者に対しては大枠として制約の機能を果たし、実態としてはその「すべての漢字」を対象として、改定によって数的な負担を強いるものとなる。新たな追加字種（一九六字）は次の通りである。

挨　曖　宛　嵐　畏　萎　椅　彙　茨　咽　淫　唄　鬱　怨　媛　艶　旺　岡　臆　俺　苛　牙　瓦　楷
潰　諧　崖　蓋　骸　柿　顎　葛　釜　鎌　韓　玩　伎　亀　毀　畿　臼　嗅　巾　僅　錦　惧　串　窟

熊 詣 憬 稽 隙 桁 拳 鍵 舷 股 虎 錮 勾 梗 喉 乞 傲 駒 頃 痕 沙 挫 采 塞
埼 柵 刹 拶 斬 恣 摯 餌 鹿 叱 嫉 腫 呪 袖 羞 蹴 憧 拭 尻 芯 腎 須 裾 凄
醒 脊 戚 煎 羨 腺 詮 箋 膳 狙 遡 曽 爽 痩 踪 捉 遜 汰 唾 堆 戴 誰 旦 綻
緻 酎 貼 嘲 捗 椎 爪 鶴 諦 溺 塡 妬 賭 藤 瞳 栃 頓 貪 丼 那 奈 梨 謎 鍋
匂 虹 捻 罵 剝 箸 氾 汎 阪 斑 眉 膝 肘 阜 訃 蔽 餅 璧 蔑 哺 蜂 貌 頰 睦
勃 昧 枕 蜜 冥 麺 冶 弥 闇 喩 湧 妖 瘍 沃 拉 辣 藍 璃 慄 侶 瞭 瑠 呂 賂
弄 籠 麓 脇

筆画数をとってみても、二十九画の「鬱」をはじめ習得に難渋を強いられそうな漢字が目白押しの感も少なからずある。児童・生徒、教員、保護者に対しても、その数的な増加は学習・教学の場面で負担を強い、圧迫感を与える悪玉的な存在になりかねない気配すら感じられる。『高等学校学指導要領解説（国語編）』が、漢字指導の単調さを回避すべく漢字の成り立ちや特質、他教科・科目の学習語彙との連繫策をわざわざ説いていたことは、その不安を解消する教導的な意味をもつものであったか。現実に教場での指導が空転することなく有機的な教学の時間と空間を生み得ているかは今後の検証に待ちたい。

十一、生活を逆手に取る

我々の生活に息づく漢字や言葉に、自分の側から近づいていって認識する、わかりきったことと高を括らないで、もう一度足元に立ちかえってみる。こうした前向きな意欲や関心を引きだすには、時事的な話題や「常用漢字表」の「改定」を逆手にとった話題の提供という方法もあり得るかもしれない。たとえば、審議過程での字種の削減案と追加案の作成、決定に関わる話題である。
「俺」という漢字は、当初、公文書や公の場では使わないことから追加字種に加えることに対する反対が少なくなく、その追加の可否をめぐる白熱した議論が戦わされていた。それが二〇〇八年七月、書籍などでの出現頻度が上昇している、ウェブ上や携帯メール等での使用率が高い等、今日的社会の言語使用の動勢が決め手となって、その追加が承認された。その意味では、時世の変化を視野に入れた「常用漢字表」改定の趣旨に合致した申し子的な存在とも認められるのである。

そもそも「オレ」は、「ワタシ」「ワタクシ」「ワレ」等とともに一人称（自称）の一つに数えられ、表記に「俺」や「己」の文字を用いるが、古く上代から中古の時代には、相手を低く見ていう二人称（対称）の意味を表す語であって、漢字では「爾」「儞」が表記に用いられた。その後、中世以降に、一人称にも使われて男女貴賤にかかわらずに用いられたが、用例的には相手が同等あるいは目下の時に用いられたものが多いという。近世以降の時代に一人称が一般化し、その後半期に女性の使用は絶えたという。今日では男が用いるようであるが、その表記に使われる「俺」は、『説文解字』に「俺は、大なり。人に从ふ奄の声。」とあり、大きい意味を表したことが分かる。また、宋の『集韻』に「俺は、我なり。北人　我を称して俺と曰《い》ふ。」とあり、一人称の意味が確認できる。中国中世・近世には一人称として用いられたことも知られる。

また、「ワレ（我・吾）」は、一人称（自称）を表すが、中世以降、身分の低い者や目下の者に対する二人称（対称）としても用いられた。漢字表記に用いられる「我」は、刃がギザギザになった戈《ほこ》を描いた象形文字である。「ワレ」の意を表すのは、その昔、「ワレ」と字音が同類の「我《ガ》」字を借りた仮借《かしゃ》の用法によるものである。[19]

「私」はもちろん「俺」「我」といった一人称の漢字を科学する、こうした日本語の人称名詞と漢字にまつわる言語の歴史的空間を散策することは、ことばがまさに生き物であることを知らしめてくれることになり、現代日本語の意味的世界の変化などにもリンクした広域的な観察考察への展開も視野に入れることができる。

他方、削減字種には「勺」と「匁」という度量衡の文字が含まれた。いずれも今日の社会で使用されることの激減したことが削減の主要因であり、時宜を得た選択であると異論無く了解する向きが大方かも知れない。因みに、「匁」は、一貫の千分の一で、三・七五グラム。「勺」は、日本では一升の百分の一、一合の十分の一で、一八ミリリットル。

度量衡は、「度」が長さ、「量」がかさ・容積・体積、「衡」が目方・質量のことであり、同時にそれを計る道具。「度」が物差し、「量」が枡、「衡」が秤《はかり》を指す。いわゆる「尺貫法」は、「尺」を長さの単位、「貫」を質量の単位、「升」を体積の単位とする日本古来の度量衡にほかならない。明治維新後を迎えて、一八八五（明治十八）年に国際的なメートル条約に加盟し、一八九一（明治二十四）年に度量衡法を制定して、メートル原器・キログラム原器に基づいて尺・坪・升・貫の単位を定義して、メートル法による計量をも認めた[20]。尺貫法とメートル法の併用は、六十五年を経た一九五八（昭和三十三）年に尺貫法が廃止されて、メートル法の全面実施によって一元化された。今日では、ＭＫＳＡ（メートル・キログラム・秒・アンペア）単位系が一般的に使用されて、「尺貫法」はいわば公式には使われないものの、実生活においては「尺・寸・坪・升・合・貫」といった代表的な単位は死せず、現在にいたっても使用される機会が少なくない上に、これらの漢字はいずれも「常用漢字表」の字種に入っている。

「尺」に一例を取れば、「間《ま》尺に合わない」は、割に合わないこと、損になることをいうが、「間尺」は大工用語で、寸法を指す。日本の尺貫法では、一尺は三〇・三センチメートル。一間《けん》は六尺で、約百八十センチメートルを指す。もともと「尺」は、親指と残りの四本の指の間の股を広げて、長さを測るさまを描いた象形文字。その手尺の一幅の長さである「一尺」は、古く中国では二三センチメートル余りで、その長さは左右の手指十本の幅に相当する。したがって、「一寸」は手指一本の幅となり、二センチメートル余り。手指十本の幅である「十寸」が「一尺」となる。因みに、こうした長さの単位は、身体の部所を用いた計測に由来するものが多い。

熟語の「方寸」は、一寸四方の意で、心臓、引いては心を意味する。「方寸乱る」は、心中が乱れること。「寸心」もまた心を意味する。「寸鉄」は、一寸の小さな刃物、小さな武器をいう。南宋の羅大経『鶴琳玉露』に出典する「寸鉄　人を殺す」は、寸鉄のごとき短く鋭い言葉で、人の急所を突くことを意味する。日本では「寸鉄　人を刺す」と熟する。「一寸先は闇」の「一寸」は、目と鼻の先のごく短い距離をいう。一寸は、日本では約三センチメートル。昔話の「一寸法師」はその身の丈に基づく命名になる。

「裸一貫」は、自分のからだのほかには何もないこと、無一物から身を起こす意味で使われるが、その「一貫」は、生まれた子供の目方に他ならず、それだけの身体が備わっていれば健康に育って人並みに暮らしていけることをいったものである。四貫＝十五キログラムで、一貫＝三・七五キログラム。その出生体重は、今日の平均的出生体重に比べるとかなり重いように思われるが、その当時にあっての平均的な体重であったと見ることもできる。低出生体重児の出生数が上昇している昨今、出生体重と発達あるいは生活習慣病との関連性等々について、先端医学のエピジェネティクスの観点からも指摘がなされている。(21) 保健体育の教材への糸口ともなり得る重要な話題でもある。

我々の日常生活のなかに息づいている漢字・漢語・漢文とどう向きあっていくか。それらとのつきあいは、決して教学の場のみで深められるものでは無い。習得した「知」を活かして、新たに遭遇した事象に立ち向かっていく。むしろ生活に根差したところで「知」を試し、大いに「知」を育むべきではないか。ワープロソフトによりパソコンで文章を書くとき、タイピング・ミスはやむを得なかろうが、文字選択やその変換の間違いによる誤記は防がなければならない。単に選ぶという作業ではなくて、一つの意味を考えた入力が不可欠である。漢字、漢語、そして漢文と少しでも近しくなることが、一つの思考の世界を飛躍させるのではないかと考える。試行錯誤は常のことである。如上の提起が「抛磚引玉（磚を抛《な》げて玉を引く）」の一助となれば幸いである。

■注

（1）『朝日新聞』二〇〇八年八月二十六日朝刊「私の視点」欄。

（2）遠藤邦基「字体分析の言語遊戯―漢字の合字・分字を中心に―」（国語文字史研究会『国語文字史の研究』七所収、二〇〇三年十一月、和泉書院刊）に、文屋康秀・紀友則の詠作に対する歌学書・古注釈の捉え方に言及する。

（3）狭間直樹「『民主』とデモクラシー」（『京大広報』六一九号、二〇〇七年一月刊）に、中国近代の文献に出現する「民主」の語の意味理解に関する指摘が見える。

（4）詔勅の全文は、第八十回の宋江たちを前にして開読する部分に出ている。

（5）新旧『小学校学習指導要領』第二章「各教科」第一節「国語」第二「各学年の目標及び内容」〔第一学年及び第二学年〕2「内容」の〔言語事項〕（1）ウ「表記に関する事項」（イ）に「句読点の打ち方や、かぎ（「」）の使い方を理解して文章の中で使うこと。」、〔第三学年及び第四学年〕には、同じく（イ）に「句読点を適切に打ち、また、段落の始め、会話の部分などの必要な箇所は行を改めて書くこと。」とある。

（6）湯浅廉孫『初学漢文解釈ニ於ケル連文ノ利用』（一九四一年十一月、文求堂書店刊）、同『漢文解釈における連文の利用』（一九八〇年十一月、朋友書店刊）のなかでその主張がなされる。

（7）『漢字講座』第十一巻「漢字と国語問題」（平成元年六月、明治書院刊）所収。

（8）野村敏夫『国語政策の戦後史』（二〇〇六年十一月、大修館書店刊）序章「日本語の歩みと国語政策」二「前史―明治から戦中までの国語政策概観―」、第一章「戦後の国語政策」一「戦後国語改革の出発」・二「〝当用漢字表体制〟の確立」の検証に依る。

（9）『第一文字之教』『第二文字之教』『文字之教附録　手紙之文』の和綴三冊本から成る。慶応義塾大学図書館デジタルギャラリー福沢関係文書（マイクロフィルム版）による。

（10）当時イギリスに留学中だった馬場辰猪が、一八七三年出版の『ELEMENTARY GRAMMAR OF THE JAPANESE LANGUAGE WITH EASY PROGRESSIVE EXERCISES』（日本語文典）の序文で、森の国語英語化論に反駁を加えている。中須賀徳行「母語コンプレックスと言語分裂国家：馬場辰猪の森有礼に対する反論に寄せて」（『岐阜大学留学生センター紀要』No.2001、二〇〇一年三月刊）、山井徳行「国語外国語化論の再考Ⅰ—森有礼の『国語英語化論』と志賀直哉の『国語フランス語化論』について—」（『名古屋女子大学紀要』第五十号〔人文・社会編〕、二〇〇四年三月刊）に言及される。

（11）二十九歳で東大助手から調査スタッフに選ばれた柴田武は、漢字テストを作成し、サンプル選びは林知己夫《ちきお》が任された。暗に結果の改竄をほのめかすGHQのジョン・ペルゼルに、柴田はねじ曲げを断ったと回想する。『朝日新聞』二〇〇八年十二月五日夕刊「曲げぬ数字　漢字救った」（「ニッポン人脈記」「民の心を測る⑥」）参照。サンプリングに携わった高倉節子「『日本人の読み書き能力調査』のことなど」（『日本世論調査協会法』第百一号、二〇〇八年三月刊）には、調査の精度を保つサンプル数一七一〇〇を確保すべく、欠席率を考慮して二一〇〇八というサンプル数を得たことを記す。中田祝夫は前掲論考で「表意文字の漢字と、それを補う表音文字の仮名の利点、その仮名が表意文字の右側に振仮名として記入されるといった利点に初めて連合軍や使節団も気が付きはじめたというのが真相ではないか。」との見方を示す。

（12）Ⅰ「基本的な考え方」の1「情報化社会の進展と漢字政策の在り方」は、（1）「改定常用漢字表作成の経緯」、（2）「国語施策としての漢字表の必要性」、（3）「JIS漢字と、国語施策としての漢字表」、（4）「漢字を手書きすることの重要性」、（5）「名付けに用いる漢字」、（6）「固有名詞における字体についての考え方」から構成される。2「改定常用漢字表の性格」は（1）「基本的な性格」、（2）「固有名詞に用いられる漢字の扱い」。3「字種・音訓の選定について」は（1）「字種選定の考え方・選定の手順」、（2）「字種選定における判断の観点と検討の結果」、（3）「字種選定に伴って検討したその他の問題」、（4）「音訓の選定」。4「追加字種の字体について」は（1）「字体・書体・字形について」、（2）「追加字種における字体の考え方」、（3）「手書き字形に対する手当て等」。5「その他関連事項」は（1）「漢字政策の定期的な見直し」、（2）「学校教育における漢字指導」、（3）「国語の表記に関わる基準等」からそれぞれ構成される。

（13）『小学校学習指導要領』（平成二十年三月）第2節「国語科の内容」2「各領域及び〔伝統的な言語文化と国語の特質に関する事項〕の内容」（4）「〔伝統的な言語文化と国語の特質に関する事項〕」の「漢字の読み書きや使い方などに関する事項」より摘記。『小学校学習指導要領解説　国語編』（平成二十年六月）3「国語科改訂の要点」（7）「文字指導の内容の改善」には、「漢字の指導については、日常生活や他教科等の学習における使用や、読書活動の充実に資することを重視して改善を図っている。読みの指導では、これまでどおり学年別漢字配当表に配当されている漢字を当該学年で指導することとするが、上の学年に配当されている漢字や学年別漢字配当表以外の常用漢字についても、必要に応じて振り仮名を用いるなどして児童が読む機会を多くもつようにする。また、書きの指導では、これまでどおり次の学年までに定着を図るようにするが、当該学年においても漸次書き、文や文章の中で使うようにしている。それは、日常生活において確実に使えることを重視し、実際に文章を書く中で繰り返し学習させるなど、児童の習得の実態に応じた指導を充実するためである。」と要点を説明する。

(14)『中学校学習指導要領』(平成二十年三月)第2章「各教科」第1節「国語」第2「各学年の目標及び内容」〔第1学年〕・〔第2学年〕・〔第3学年〕の2「内容」〔伝統的な言語文化と国語の特質に関する事項〕(1)ウ「漢字に関する事項」より摘記。『中学校学習指導要領解説 国語編』(平成二十年七月)3「国語科改訂の要点」(7)「漢字指導の内容の改善」には、「漢字の指導については、これまで第3学年の指導事項であった『学年別漢字配当表に示されている漢字を書き、文や文章の中で使うこと。』を第2学年の指導事項に移し、新しく第3学年の指導事項として『学年別漢字配当表に示されている漢字について、文や文章の中で使い慣れること。』を設定している。第3学年では、第2学年までに書けるようになった漢字について、多様な語句の形で、また、様々な文脈の中で使うことができるよう指導することを求めている。」と要点を説明する。

(15)『高等学校学習指導要領』(平成二十一年三月)第2章第1節「国語」第2款第1「国語総合」2「内容」の〔伝統的な言語文化と国語の特質に関する事項〕ウ「漢字に関する事項」より摘記。

(16)『高等学校学習指導要領解説 国語編』(平成二十一年十二月)の第2章「国語科の各科目」第1節「国語総合」3「内容」〔伝統的な言語文化と国語の特質に関する事項〕(1)ウ「漢字に関する事項」(ア)「常用漢字の読み書きについての事項」より摘記。

(17)一九八一年三月二十三日国語審議会答申「常用漢字表」前文に、「常用漢字表は、その性格で述べたとおり、一般の社会生活における漢字使用の目安として作成したものであるが、学校教育においては、常用漢字表の趣旨、内容を考慮して漢字の教育が適切に行われることが望ましい。なお、義務教育期間における漢字の指導については、常用漢字表に掲げる漢字のすべてを対象としなければならないものではなく、その扱いについては、従来の漢字の教育の経緯を踏まえ、かつ、児童生徒の発達段階等に十分配慮した、別途の教育上の適切な措置にゆだねることとする。」とある。

(18)『読売新聞』二〇一〇年九月八日朝刊に、専門家会議第五回の審議内容について、「新常用漢字表、小学校では教えず……中学校で『読み』」の見出しで、「専門家会議では、〈1〉小学校は新指導要領が来年度から完全実施される〈2〉来春から使用される教科書が検定を終えている――などを理由に、当面は見直しを行わない方針を確認。その上で、新漢字一九六字の読みについては、中学の各学年に割り振ることとした。」と報じた。「教科書への導入年度や、入試問題への出題解禁時期については次回以降に持ち越された。」と記している。その後、二〇一七(平成二十九)年三月の新『小学校学習指導要領』の告示に際して、「学年別漢字配当表」の四年生に配当される漢字に「都道府県名に使われる漢字」二十字〔茨・媛・岡・潟・岐・熊・香・佐・埼・崎・滋・鹿・縄・井・沖・栃・奈・梨・阪・阜〕が新たに加えられることとなり、あわせて従来の四・五・六年生の漢字三十七字の配当学年が変更された。〔五年→四年:賀・群・徳・富(四字)、六年→四年:城(一字)、四年→五年:囲・紀・喜・救・型・航・告・殺・士・史・象・賞・貯・停・堂・得・毒・費・粉・脈・歴(二十一字)、四年→六年:胃・腸(二字)、五年→六年:恩・券・承・舌・銭・退・敵・俵・預(九字)〕。これに伴い、学年配当字数は四年生が二〇二字、五年生が一九三字、六年生が一九一字となり、「学年別漢字配当表」の総字数は一〇二六字となった。かつ、二〇二〇年度の全面実施に先んじて、二〇一八・一九(平成三十・三十一)年度の四年生、二〇一九(平成三十一)年度の五年生に対して新配当表による指導を行うとの「移行期間の特例(漢字学習)」が措置された。この変更によって、中学校で習う漢字数は、「改定常用漢字表」の二一三六字からこの一〇二六字を除いた一一一〇字となったことを付記する。

(19)「オレ」「ワレ」に関しては、『日本国語大辞典』等を参照した。

(20)メートル法の導入に伴って、「米《メートル》・瓦《グラム》・立《リットル》」のように既存の漢字を新たな基本単位に当てた。「米」は「米突」、「立」は「立脱耳」や「立突」の漢字による音訳語による。「瓦」は日本の音訳「瓦蘭姆」による。また単位を補助する「粁粨籵糎粍」・「瓩瓸瓧瓰甅瓱」・「竏竡竍竕竰竓」といった漢字が作られたことも知られる。

(21)『「食」と発達、そして健康を考える』(坂爪一幸編著、二〇〇九年三月、学文社刊「早稲田教育ブックレット」№4)には、近年発達に障害のある子どもが増加している問題について、低出生体重児の増加に注目し、胎内での低栄養状態が出生後、成長後の発達や健康上のリスクを高める危険性を指摘している。

おわりに

早稲田界隈の馬場下町交差点に面して大鳥居が立つ穴八幡宮は、「一陽来復」の御守札と「虫封じ」の効験で知られる。「一陽来復」は『易』の「復の卦」で、陰陽を表す六本の爻《こう》がすべて陰となった状態から、「一つの陽が来たり復《ふく》す」ことを意味する。いわゆる冬至の卦であり、この日から立春前日の節分の日まで御守札が頒《わか》たれ、御札を大晦日ないし節分の深夜十二時に新年の恵方に向けて貼ることになる。年の瀬に穴八幡宮参拝者の乗る早大正門行きバスの混雑と露店が連なる境内の賑わいといった毎年の光景が頭に浮かんだが、こうした日常の営みが取り戻せないのが新型コロナウイルス流行下の現況でもある。

本書も、書類申請、審査、原稿提出、査読、修正原稿提出の作業を、対新型コロナウイルス諸対策の環境のなかで進めることとなり、書類提出の方法はもとより原稿提出におけるボックスの利用など、従来に異なる方式に戸惑いつつも、何とか期日通りにスケジュールをこなし得たのは、教育総合研究所事務局の堀田浩太郎さん、助教の山口香苗さんのサポートあってのことである。ご協働に心から感謝申し上げる。折しも初校を受け取ったのが冬至の日にほかならず、外出自粛のなかで早稲田界隈に思いを馳せつつ、新年一月四日には作成した索引ともども返送。二十六日には再校を落掌するといった具合で、学文社の田中千津子さんをはじめ編集部の方々の丹念なアドバイスに助けられながら円滑に校正作業を進められたことに厚くお礼申し上げる。

例年、大学は冬至より前に年末年始の休業に入り、節分には学年末の試験期間も終わっているから、学生の多くは早稲田界隈の風物詩ともいえる光景を知らぬまま卒業するのかも知れない。「伝統的な文化」の叫ばれる昨今、冬場の教場でこんな話をすることもあったが、社会に出て家庭をもつころになって「虫封じ」や福を招く神社として認識したものもいたかも知れない。はたまた「一陽来復」はＩＴ社会とは一見無縁なもののようではあるが、コンピュータの基本原理の二進法は『易』の卦の図像に発想されたといわれる。欧州に伝わった『易』の書物に現れる図像の、横棒の真ん中が切れた「陰」の爻を「0」、横棒一本で表される「陽」の爻を「1」の二つの数字に置換したのに始原するらしい。あるいは「総合的な学習」や「総合的な探究の時間」の素材にもなり得ようか。

本書を手に取っていただく一方、些かでも教学の場でご利用いただけるものがあれば幸いである。

二〇二一年　二月二日

一二四年ぶりの節分の日に

堀　誠

初出一覧

国語科唐詩教材と杜甫
原題…「国語科教材の中の杜甫」に「杜甫「春望」という古典教材」から追補。二〇一三年十月、中国詩文研究会編『（生誕千三百周年記念）杜甫研究論集』（研文出版）、および『早稲田大学大学院教職研究科紀要』第六号、二〇一四年三月。

王維の詩篇―「輞川」の地と教材―
原題…「西安聞見抄（7）―輞川の記―」に基づき加筆。二〇一九年三月、アジア・文化・歴史研究会『アジア・文化・歴史』第十号。

菅原道真「九月十日」の詩篇をめぐって
原題…「道真「九月十日」詩篇考」を一部改稿。二〇〇六年三月、『松浦友久博士追悼記念中国古典文学論集』（研文出版）。

「人面桃花」という古典（漢文）教材
原題…「「人面桃花」という古典（漢文）教材の一考察―「買粉児」と「霍小玉伝」との関わりから―」。二〇一四年十二月、中国詩文研究会『中国詩文論叢』第三十三集。

中島敦『山月記』と中国小説
二〇一六年五月、漢文教育学会『新しい漢文教育』第六十二号。

魯迅『故郷』という教材
原題…「魯迅「故郷」点描」と「魯迅「故郷」ノート（I）―訳語と読解の検証」を融合。一九九七十二月、

『月刊国語教育』第十七巻第十号（通巻二〇〇号）、および一九九九年十二月、早稲田大学中国文学会『中国文学研究』第二十五期。

覇王の最期―歴史と文学―

二〇〇一年二月、『学術研究（国語国文学編）』第四十九号。

古典漢文と古文の比較文学的学習の試み―劉邦と頼朝の英傑像を例として―

二〇二〇年三月、『高校古典における古文・漢文の融合的な学びを考える』（早稲田教育ブックレット）第二十四巻。

日中「鶏鳴」談義

原題…「日中『鶏鳴』故事考」。二〇一七年八月、和漢比較文学会第十回特別例会・西北大学日本文化研究センター共催「和漢比較文学シンポジウム二〇一七」（予稿集）。

日中「竹馬」小考

二〇一六年十月、和漢比較文学会第九回特別例会・台湾大学日本語文学系共催『二〇一六和漢比較文学研討会論文集』（予稿集）。

「扇」をめぐる日中比較文学的考察

二〇一五年八月、和漢比較文学会第八回特別例会・西北大学日本文化研究センター共催『和漢比較文学シンポジウム二〇一五』（予稿集）。

漢字・漢語・漢文を考える

原題…「漢字・漢語・漢文と日常生活」に追補。二〇一一年三月、『早稲田教育評論』第二十五巻第一号。

や　行

ら　行

わ　行

た　行

な　行

は　行

ま　行

【事項】

さ　行

た　行

な　行

は　行

ま　行

た　行

な　行

は　行

さ 行

索　引

【書名・作品名】

あ　行

か　行

〔著者略歴〕

堀　　誠（ほり　まこと）

1954（昭和29）年，栃木県生まれ。

早稲田大学 教育・総合科学学術院 教授。博士（学術）。

著書：『流謫の花―中国の文学と生活―』（研文出版，2003.11），『日中比較文学叢考』（研文出版，2015.9）

訳書：『万暦十五年　一五八七「文明」の悲劇』（共訳，東方書店，1989.8）

編著：『漢字・漢語・漢文の教育と指導』（「早稲田教育叢書」30，学文社，2011.3），『古典「漢文」の教材研究』（「早稲田教育叢書」36，学文社，2018.3）

論文：「四帝仁宗出生故事考―赤脚大仙転生の話―」（『中国詩文論叢』第１集，1982.6），「中野逍遥詩篇・小説考」（『国文学研究』第189集，2019.10），「日本文学における「妲己」の血流」（『日本学研究』第２号，2020.9）など。

国語科教材の中の「中国」　［早稲田教育叢書38］

2021年３月30日　第１版第１刷発行

著　者　堀　　誠

編纂所　早稲田大学教育総合研究所
〒169-8050　東京都新宿区西早稲田１－６－１　電話　03（5286）3838

発行者　田　中　千津子　〒153-0064　東京都目黒区下目黒３－６－１
電　話　03（3715）1501（代）
発行所　株式会社　学　文　社　ＦＡＸ　03（3715）2012
https://www.gakubunsha.com

印刷所　東光整版印刷株式会社

落丁・乱丁の場合は、本社でお取替えします
定価はカバーに表示
◎検印省略

ISBN 978-4-7620-3076-5

早稲田教育叢書

早稲田大学教育総合研究所

（A5 並製　各 C3337）

教育のあり方の探求に貢献する、教育の最前線を取り扱うシリーズ。

坂爪一幸 著

高次脳機能の障害心理学

神経心理学的症状，高次脳機能障害（脳損傷後にみられる症状や障害）をより心理学的な観点から考察。どのようなタイプの症状があるのか，それらに対応したリハビリテーションや学習支援の方法はどのようなものか。綿密な研究を通じて，「心」の活動の変化，可能態や適応性を解読。「心」の多面性を理解する手がかりが得られる。

● ISBN978-4-7620-1650-9　223 頁　定価 2530 円

大津雄一・金井景子 編著

声の力と国語教育

子どもたちへ声を届け，子どもたちの声を引き出すさまざまな活動と実践研究から，国語教育の重要な一角を占める音声言語教育分野に関する教員養成の現状と課題を再考。日本文学や中国文学研究者，国語教育研究者，教員，朗読家や読み聞かせの実践家などによる「朗読の理論と実践の会」の活動記録と研究成果。

● ISBN978-4-7620-1674-5　232 頁　定価 2640 円

白石　裕 編著

学校管理職に求められる力量とは何か

大学院における養成・研修の実態と課題

大学院における学校管理職養成・研修の現状と課題，学校を支え動かす学校管理職の力とは何か。２年間実施した現職校長を対象とするアンケート調査の結果分析を通して，学校管理職に求められる力量について検討するその他 2007 年に開催した公開シンポジウムの講演と報告を掲載。

● ISBN978-4-7620-1952-4　158 頁　定価 1760 円

沖　清豪・岡田聡志 編著

データによる大学教育の自己改善

インスティテューショナル・リサーチの過去・現在・展望

高等教育機関，とりわけ大学におけるインスティテューショナル・リサーチ（ＩＲ，Institutional Research）に関する現時点までの研究成果と知見をまとめ，大学改革においてＩＲ導入の際に考慮すべき点を提示し，今後を展望する。IR 関連の国際的文献・資料も収録。

● ISBN978-4-7620-2157-2　216 頁　定価 2640 円

堀　誠 編著

漢字・漢語・漢文の教育と指導

「ことばの力」の源泉を探究する試み。「読む」「書く」「話す」「聞く」という，漢字・漢語・漢文のもつ根源的な力の発見と，その力を育むための実践的な方法の考案，教材や指導法を提案する。また漢字のもつ歴史，漢語熟語・故事成語の成り立ちとその意味世界，そして訓読による漢語・漢文の理解方法など，さまざまな視点から現実を見つめ直し，漢字・漢語・漢文の世界を多角的に掘りおこす。

● ISBN978-4-7620-2158-9　256 頁　定価 2750 円

鈴木晋一 編著

数学教材としてのグラフ理論

早稲田大学教育総合研究所の課題研究「中学校・高等学校における離散数学教材の研究と開発」の成果報告の一端。数学を創り上げるという視点から，構成的な要素を補う教材としてグラフ理論を取り上げ，幾何教材と離散数学教材の強化に取り組む。

● ISBN978-4-7620-2253-1　208 頁　定価 2530 円

三村隆男 著

書くことによる生き方の教育の創造

北方教育の進路指導、キャリア教育からの考察

昭和初期、秋田県を中心に東北地方一円に繰り広げられた綴方（作文）教育運動である「北方教育」を考察し、そこに内在する「生き方の教育」の本質を、進路指導、キャリア教育との関連で明らかにする。キャリア教育実践者、研究者必見の書。

● ISBN978-4-7620-2356-9　192 頁　定価 2530 円

町田守弘 編著

早稲田大学と国語教育

学会 50 年の歴史と展望をもとに

早稲田大学で学んだ教員の実践と研究を交流する場として機能してきた早稲田大学国語教育学会の 50 年の歴史を振り返り、改めて早稲田大学と国語教育との関わりを確認し早稲田大学における国語教育の展開を追跡・検証。その歴史の意味を、大学の教学史的な観点にも立って明らかにする。

● ISBN978-4-7620-2447-4　138 頁　定価 1650 円

小森宏美 編著

変動期ヨーロッパの社会科教育

多様性と統合

社会科教育に期待されることについて各国・地域を比較。東欧の事例から，複雑な状況の中，社会科教育はどのように行われているのか，社会科がどのような科目として位置づけられているのかを明らかにする。

● ISBN978-4-7620-2627-0　134 頁　定価 1650 円

堀　誠 編著

古典「漢文」の教材研究

古文嫌い・漢文嫌いの高校生の度合いが七割を超える教育環境の中、古典の漢文教材がどのように採られ学ばれているか。どのような教材学習の可能性が見出しうるか。よりよい国語教育の観点から課題を考える。

● ISBN978-4-7620-2790-1　168 頁　定価 1980 円

三村隆男 編著

学校マネジメントの視点から見た学校教育研究

優れた教師を目指して

学校教育について学ぶべき項目を 18 に分け、2017 年及び 2018 年告示の学習指導要領に準拠し解説。教育活動を俯瞰的にながめるために不可欠な「学校マネジメントの視点」を取り入れる。

● ISBN978-4-7620-2893-9　280 頁　定価 3080 円